PENSÉES

RELIGIEUSES

D'UN SAINT-SIMONIEN

ANGERS.

JOURNAL

DES ACTES DES APÔTRES,

UN FRANC PAR MOIS.

Chez [illegible] VOUZILLE et Cie,
rue Notre-Dame, à Paris.

PENSÉES

RELIGIEUSES

PAR

UN SAINT-SIMONIEN

CROYANT A L'ÉGALITÉ DE L'HOMME ET DE LA FEMME.

> Dieu dit à Moïse : Je suis celui qui est.
> *Exode, 3, 4.*
>
> Tout est de lui, tout est par lui, tout est en lui.
> *S. Paul, ép. 1 aux R. 11 — 36.*
>
> Dieu est tout ce qui est.
> *Doctrine S. S.*
>
> Vos siècles page à page épèlent l'Évangile,
> Vous n'y lisiez qu'un mot et vous en lirez mille;
> Vos enfans plus hardis y liront plus avant.
> LAMARTINE, *ode sur les révolutions.*

ANGERS.

IMPRIMERIE DE ERNEST LE SOURD,
RUE FLORE, N° 12.

Juillet 1833.

PENSÉES

RELIGIEUSES

PAR UN SAINT-SIMONIEN

CROYANT

A L'ÉGALITÉ DE L'HOMME ET DE LA FEMME.

Quand Dieu veut se révéler aux hommes, il leur inspire le désir de le connaître.

Que celui qui désire connaître Dieu regarde autour de lui, il verra Dieu dans tout ce qui l'entoure. (*Voyez note* 85).

Mais qu'il sache que Dieu est infini, et que l'homme ne peut prétendre à concevoir l'infini. — 83 — 84.

Partant de l'infini, l'homme rencontréra un certain nombre de conséquences que son intelligence admettra, qu'il concevra, qu'il aimera, dans lesquelles il aura foi.

Mais plus tôt ou plus tard il arrivera à des conséquences que son intelligence repoussera, c'est-à-dire, qui seront pour lui inintelligibles, absurdes, et qui le feront douter de Dieu, s'il n'est pas assez fort pour savoir qu'il est faible, assez intelligent pour savoir qu'il a peu d'intelligence.

S'il ne sait, en un mot, que le fini ne peut comprendre, c'est-à-dire, embrasser, s'identifier l'infini.

L'homme qui cherche Dieu, arrivera toujours à un point où commencera pour lui le mystère. Moins il sera intelligent , plus tôt le mystère commencera pour lui ; plus il sera fort , plus il ira loin sans rencontrer l'absurde.

Plus l'homme progresse , plus s'élargit l'horizon qu'il découvre ; plus sont nombreux, par suite , les objets qu'il voit clairement et ceux qu'il ne voit qu'imparfaitement.

Mais le ciel qui s'ouvre à ses yeux lui présente de si éclatantes beautés, qu'il s'inquiète bien peu de connaître celles qui pour le moment sont au-delà des bornes que ses organes peuvent atteindre.

Si je regarde autour de moi , je vois des astres sans nombre, nageant dans une immense étendue que les hommes appellent le ciel.

Si par la pensée je m'élève au-delà du point que ma faible vue peut atteindre , je vois des mondes, encore des mondes, et ne peux concevoir de bornes à l'étendue de l'univers.

L'univers, pour moi, n'a donc pas de bornes, il est infini.

L'univers est-il créé, est-il éternel ? S'il était créé, qu'y aurait-il eu avant lui ? Le néant ? Je ne peux concevoir le néant, c'est-à-dire, l'absence de l'infini, des bornes à l'infini. — La mort.

Si l'univers est infini, il est donc tout ce qui est, tout ce que l'homme peut concevoir de qualités , d'essences.

Disons ici que si nous sommes obligés , pour nous conformer au langage reçu, de reconnaître plusieurs qualités , chacune de ces qualités doit être considérée comme existant seule en Dieu , comme comprenant toutes les autres, comme étant Dieu, ou l'univers, ou l'infini, puisque l'infini est nécessairement un. —

Il ne peut y avoir de qualités contraires en Dieu. Il ou peut y avoir bien et mal. Où commencerait le mal, là finirait le bien et réciproquement.

Il faut donc admettre le mal infini ou le bien infini ; autrement il n'y aurait pas d'infini, mais deux principes finis : l'un qui s'appellerait mal, l'autre qui s'appellerait bien.

S'il y a deux principes, lequel des deux dominera l'autre ? Je ne vois aucune raison pour l'un plutôt que pour l'autre, et ne sais sur quoi se sont fondés ceux qui croient au Diable, pour admettre que celui-ci est moins fort que Dieu.

Y a-t-il esprit et matière ? C'est la même question en d'autres termes. Où commencerait la matière, là finirait l'esprit et réciproquement.

Les deux ordres de phénomènes auxquels nous donnons le nom de matière et d'esprit, ne peuvent être que des modifications du principe unique Dieu ? —

Quelqu'un peut-il croire que l'infini soit infiniment mauvais ? Le mal, c'est le malheur. — Un être malheureux est un être impuissant, c'est-à-dire, borné. — L'infini est infiniment bon.

Comment les hommes ont-ils jamais pu croire Dieu distinct de l'univers ? Je ne puis concevoir l'univers borné, et s'il ne l'est pas, où donc serait Dieu. — Et s'il était borné, Dieu le serait aussi.

Si l'infini est un, il n'y a rien autre chose que l'infini. — Que sommes-nous donc ? Là commence pour moi le mystère, l'absurde.

Je suis forcé d'admettre Dieu un et multiple à la

fois. — Cette idée me satisfait mieux que celle d'un Dieu borné, en dehors duquel je serais placé.

Je ne peux cependant admettre, comme les chrétiens, que Dieu m'ait laissé libre de faire *bien* ou *mal* pour me punir ou me récompenser. — Je ne peux concevoir qu'une volonté infinie. — 16 à 28.

Dieu étant la bonté infinie, doit en s'aimant aimer infiniment tout ce qui est. — Quels seront les effets de cet amour infini pour l'homme en particulier ?

Un bonheur infini, c'est-à-dire, de plus en plus grand pendant l'éternité. — 11, — 12, — 14.

L'homme obtiendra tout ce qu'il désire, et il est infiniment éloigné de désirer, de connaître tout ce qu'il obtiendra de bonheur pendant l'éternité. — 29, — 41, — 52, — 55, — 77, — 78 à 81.

Amour infini, amour égal pour tous. — Tous les êtres seront également heureux dans l'éternité. Nous sommes tous appelés, nous serons tous élus. — 69.

Nous marchons tous d'un pas égal vers le bonheur. — Je ne puis concevoir que les uns arrivent plus tôt que les autres à un point donné, eu égard au point de départ.

Car je suis obligé de me borner à deux points, deux temps ne pouvant comprendre l'infini dans le passé ni dans l'avenir.

Si de deux hommes créés, c'est-à-dire, transformés le même jour, l'un arrivait avant l'autre à un certain point du progrès, c'est-à-dire, à un certain degré de bonheur, — Ce résultat serait dû à ce que Dieu aurait fait le premier plus fort que le second.

Ceux qui supposent l'homme libre jusqu'à un certain point, tout en croyant le progrès nécessaire, commettent donc une inconséquence de la même nature que celle que commettent les chrétiens, qui supposent que Dieu condamne au feu éternel des êtres dont le seul tort est d'avoir été créés faibles. — 24, 25.

Ceux qui croient au progrès nécessaire en même temps qu'à la liberté de l'homme, sont donc encore un peu chrétiens. — Il est nécessaire de passer par là pour arriver à une idée plus avancée de Dieu.

Celui qui croit que l'homme progresse nécessairement, qu'il végète en quelque sorte vers le bonheur, est-il fataliste ?

Non, si l'on donne à ce mot le sens que lui donnaient les anciens, que lui donnent les chrétiens ou les mahométans.

Ceux-ci croyaient au mal : — La Destinée ou le Diable poussait les hommes qui, avec l'aide de Dieu ou de ses ministres, devaient résister au génie du mal.

Si l'homme succombait, la miséricorde divine pouvait, dans quelques cas, lui faire grace. Ordinairement il était puni et presque toujours de peines disproportionnées à l'offense. — La justice humaine imitait la justice divine.

Les chrétiens disent : Dieu sait tout, et l'homme est libre. — S'il est vrai que les mahométans disent : Dieu sait tout, l'homme n'est pas libre, ils sont plus conséquens que les premiers. — Pour eux, l'inconséquence commence plus tard.

En effet, punir un homme qu'on ne croit pas libre, me semble la plus étonnante des inconséquences et la preuve la plus évidente de la non-liberté de l'homme, de sa végétabilité.

C'est que l'époque n'était pas encore arrivée où

l'éducation des hommes ne devait plus se faire par les supplices.

Aujourd'hui, les hommes éclairés demandent généralement la transformation, la suppression de la pénalité.

Le moment approche où l'humanité fera ce progrès important, et alors les hommes s'étonneront d'avoir été aveugles si long-temps.

Les hommes seront toujours inconséquens. — Voir toutes les conséquences du principe infini, ce serait voir Dieu lui-même, ce serait le comprendre, ce serait être Dieu.

L'homme le plus intelligent est celui qui supporte le plus grand nombre de conséquences du principe, — celui pour lequel l'absurde commence le plus tard.

L'infini ne peut agir qu'infiniment bien, et il n'y a qu'une manière de faire infiniment bien. Il n'y a donc qu'une loi pour l'infini, c'est-à-dire, pour tout ce qui est.

Dieu ne parle qu'une fois et il ne répète point ce qu'il a dit; le verbe de Dieu est éternel. — Cela répond au singulier reproche que des hommes peu intelligens ont, de tout temps, fait aux religions nouvelles de n'avoir rien inventé de nouveau. — 1, — 2.

Dieu n'a qu'une loi, ou plutôt Dieu est la loi éternelle que doivent suivre tous les êtres. — A mesure que les êtres progressent, ils découvrent un nouveau sens à cette loi, il la lisent plus distinctement parce qu'ils la voient de plus près, *à claritate ad claritatem.*

Les révélateurs, les chefs de l'humanité sont ceux qui traduisent, qui formulent la nouvelle partie ou plutôt le nouveau sens de la loi que le reste des hommes

(7)

n'aperçoit encore que d'une manière confuse. — 19 — 76.

Les hommes arriérés commencent par ne pas comprendre le révélateur. — Ils le regardent d'abord comme fou, puis le punissent comme immoral. — Socrate, Jésus, Enfantin. — 3, — 46, — 47.

Bientôt après, ils progressent, et alors les choses que le fou, l'homme immoral leur a révélées ' leur paraissent si simples, si vraies, si légitimes, qu'ils se persuadent qu'ils les savaient avant lui. — Ils les trouvent dans des livres écrits depuis des siècles, et alors ils crient au plagiat.

Tu aimeras Dieu par dessus toutes choses et ton prochain comme toi-même, voilà toute la loi et les prophètes, a dit Jésus. — 68 à 71.

Ces deux préceptes de la loi juive sont, en effet, les règles éternelles de la morale. — Tous les commandemens déduits de ceux-ci suivant les temps et les lieux sont modifiables à l'infini pendant l'éternité.

Dieu, seul principe éternel et souveraine fin. — Nous venons de l'unité, nous allons à l'unité. — 1, — 2, 7, — 8, — 20, — 22, — 49, — 50.

Plus nous abaissons nos regards dans l'échelle des êtres, plus nous voyons ceux-ci se ressembler les uns aux autres. — Rien ne se ressemble plus qu'un chêne et un chêne, un loup et un loup.

La différence est également peu sensible entre les hommes à l'état sauvage.

Dans un état plus avancé, rien de plus différent au contraire qu'un homme et un homme. — Et pourtant nous pouvons prévoir une époque du progrès où les nuances d'homme à homme seront à peine sensibles.

Les êtres arriérés sont également inintelligens, autant du moins que nous pouvons en juger.

Les hommes deviendront, avec le temps, également intelligens à peu de chose près.

Supposez, en effet, dix degrés d'intelligence entre l'homme le plus intelligent et celui qui l'est le moins, c'est-à-dire, que l'intelligence du premier étant comme dix, celle du second sera zéro. — Tous deux progressent, il y aura toujours la même distance entre eux.

Supposez une époque où l'intelligence du premier soit comme mille, celle du second sera neuf cent quatre-vingt-dix.

Au premier point, le chef était dix fois plus intelligent que le dernier. — Au second point, la différence n'est plus que d'une fraction minime qui diminuera à l'infini.

Dieu est l'intelligence infinie, et Dieu est tout ce qui est. — Tout est donc intelligent. — La pierre est donc intelligente. — Conséquence absurde, mais nécessaire.

Nous sommes convenus d'appeler zéro un point donné du thermomètre. — Ce n'est pas à dire que les objets dont la température est au-dessous de ce point ne contiennent pas de calorique.

Pareillement, appelons zéro le point où nous cessons de reconnaître l'intelligence dans les êtres inférieurs. — Ce n'est pas à dire qu'au-dessous de ce point il n'y ait plus d'intelligence ; seulement elle n'est plus perceptible pour nos sens imparfaits.

Cette remarque s'applique à toutes les qualités que nous reconnaissons dans ce qui est.

Par la même raison tout est vrai. — L'erreur abso-

lue serait le néant, la mort, et nous ne pouvons admettre le néant. — 18, — 23, — 28, — 76, — 77.

Absurde ne peut signifier autre chose que : *ce que
nous ne comprenons pas.* Mais ce que l'un ne comprend
pas, l'autre le comprend, ou le comprendra, puisque
nous progressons indéfiniment. — 83, — 84.

Il n'y a donc que des hommes peu intelligens qui
rejettent d'une manière absolue ce qu'ils ne comprennent pas.

Celui qui rit de ce qu'il ne comprend pas, fait preuve
d'inintelligence. — 87.

Le ridicule est la raison des sots, a dit J. J. Rousseau.

Quand le temps d'une vérité est passé, quand le
chef de l'humanité a fait un nouveau pas, — il indique
aux hommes arriérés la route qu'ils doivent suivre.

Mais il doit d'abord leur prouver que le point où ils
s'arrêtent n'est pas le but définitif de l'humanité.

Les premiers révélateurs, ceux qui n'ont pas eu
conscience du progrès ou qui n'ont pas voulu l'enseigner aux hommes, parce qu'ils savaient que ceux-ci
n'étaient pas assez intelligens pour le comprendre, 51
— se sont toujours exprimés de manière à laisser penser que leur révélation était le dernier mot de Dieu, et
qu'il n'était pas donné à l'intelligence humaine de pénétrer plus loin dans le livre éternel.

Lors donc que le chef du progrès avait dépassé le
point généralement regardé comme terme,

Et qu'il voyait que ce qui est en avant vaut mieux
que ce qui est en arrière,

Il le disait aux hommes arriérés; mais ceux-ci
croyant, sur la foi de prêtres également arriérés,

Que c'était un crime d'examiner une doctrine que Dieu avait déclarée définitive, et qu'il fallait la croire quand même elle répugnerait à leur intelligence,

Refusaient d'écouter les hommes forts et de les suivre sur la route que ceux-ci leur indiquaient.

Mais alors les hommes forts attaquaient la vieille idole avec l'arme du ridicule, c'est-à-dire, la renversaient et la traînaient dans la boue.

Et le vulgaire, voyant que l'idole était tombée et que le feu du ciel n'avait pas consumé ceux qui l'avaient renversée,

Abandonnait des dieux déchus auxquels il ne tenait plus depuis long-temps que par un respect aveugle, et consentait à écouter les hommes forts.

Tout sert également le progrès : ce qu'on fait pour lui, comme ce que l'on fait contre lui. — 86.

Le ridicule, si puissant quand il s'agit de porter le dernier coup aux doctrines usées, devient au contraire un auxiliaire pour les idées d'avenir.

Car celles-ci ne pourront conquérir le monde qu'à la condition d'être propagées par des hommes qui ne failliront pas à leur œuvre,

Des hommes assez forts pour porter l'humanité tout entière et l'entraîner après eux sur la route du progrès. — 48.

Il faut donc que les hommes qui suivront le chef soient soumis à de nombreuses épreuves; — plus les épreuves seront nombreuses, plus il faudra de force pour résister.

Le ridicule se présente comme première épreuve: — il arrête ceux qui se sentaient portés à embrasser une idée nouvelle par le seul attrait de la nouveauté, parce qu'ils croyaient se faire distinguer de la foule par la singularité de leur langage ou de leur costume; ou par quelque autre motif aussi futile.

Les hommes forts ne peuvent que devenir plus forts en perdant de tels auxiliaires; — ils connaissent, eux, la puissance et la douceur de la nouvelle loi qu'ils sont appelés à enseigner.

Comme saint Etienne, ils ont vu les cieux ouverts : que peuvent contre eux les Pygmées bouffons qui les sifflent ou les roquets qui leur mordent les talons. — Quant aux sots, c'est-à-dire, les hommes les plus arriérés, ils arriveront plus tôt ou plus tard, mais tous arriveront au temps marqué par Dieu, puisque tous sont sur la route du progrès.

Il n'y a pas de ridicule absolu. — Ce qu'on admire à Paris peut être ridicule à Pékin et réciproquement. Ici des hommes se font martyriser pour des idées dont on rit là-bas.

L'homme intelligent ne rit pas des hommes arriérés; il les plaint et tâche de les éclairer, parce qu'il les aime.

Il ne réfute pas, parce qu'il sait que tout est vrai : — il explique; et quand il ne peut plus expliquer, il se tait et s'incline ou s'écrie avec saint Augustin : *Credo quia absurdum.*

Parmi les hommes, y a-t-il un premier et un dernier ou des premiers et des derniers ?

Autrement, y a-t-il dans la route du progrès une série d'individus ou une série de groupes composés d'hommes d'une intelligence égale ?

J'adopte la première de ces deux idées, car je n'ai

jamais vu deux hommes se ressemblant parfaitement sous tous les rapports intellectuels.

Il doit donc y avoir autant d'idées de Dieu qu'il y a d'êtres.

C'est là encore une des faces de cette vérité : Dieu est un et multiple à la fois.

Il est facile de faire un symbole et de le siffler ensuite à des hommes qui le répètent comme des perroquets.

Pour croire, il ne suffit pas de dire : Je crois. — Partout où vous permettrez l'examen, vous verrez que des nuances distinguent la croyance de tous les sectateurs de la même religion.

Cela n'empêche pas qu'un grand nombre d'idées ne soit commun à un certain nombre d'hommes ; — mais le premier verra toujours beaucoup plus loin que tous ceux qui viendront après lui.

Il ne pourra révéler à ceux-ci que celles de ses idées qui sont à leur portée, c'est-à-dire, celles qui déjà sont pour lui des vérités arriérées, ce que le vulgaire appellerait mensonge, erreur. — 51 — Dans ce sens on peut donc dire que les révélateurs sont nécessairement des imposteurs.

Dieu est infini, c'est-à-dire, parfait : une loi parfaite ne peut avoir d'anomalie, d'exception. — Il ne peut y avoir de monstre pas plus dans l'ordre moral que dans l'ordre physique.

Ce que nous appelons monstruosité physique, idiotisme, folie, etc., ne peut donc être en dehors de la loi. — Des observations plus exactes permettront de classer dans la loi commune ces différens états regardés jusqu'à présent comme exceptionnels.

(13)

Plus l'homme progresse , plus ses sympathies aug-
mentent en intensité et en étendue , c'est-à dire , que
l'homme intelligent peut concentrer sur un seul être
une bien plus grande somme d'amour que ne le peut
un homme arriéré , sans cependant que cet amour soit
exclusif.

C'est-à-dire que le chef de l'humanité a beaucoup
plus d'amour pour toutes les femmes , pour tous les
enfans et pour tous les hommes en général , qu'un
sauvage n'en a pour sa femme et ses enfans.

Ce qui n'empêche pas que le premier ne puisse avoir
un sentiment de préférence pour un ou plusieurs êtres;
mais plus il progressera , plus cette inégalité tendra à
disparaître.

Car plus il progresse , plus il s'approche de la justice
infinie , c'est-à-dire de l'unité. — 69.

Nous avons dit que Dieu n'avait qu'une seule qualité *infinie* ou plutôt qu'il était cette qualité , cette es-
sence *unique*, puisqu'elle est *infinie*.

Intelligence , amour, puissance sont donc une seule
et même chose dans tout ce qui est.

Aimer une chose, c'est avoir l'intelligence de sa
bonté.

L'infini ne peut aimer sans obtenir , c'est-à-dire ,
sans avoir puissance de faire ce qu'il aime.

Plus l'homme avance dans l'infini, plus il a puissance d'obtenir ce dont il comprend la bonté, — plus
son désir a de force, plus il est près d'être satisfait. —
52, — 54, — 55.

Une conséquence du progrès sera donc de diminuer
les obstacles qui empêchent l'homme de faire ou d'obtenir ce qu'il sait être bon.

(14)

En d'autres termes, plus l'homme progressera, plus il trouvera en lui-même la puissance de faire ce qu'il saura être bon pour lui et pour les autres,

Plus l'antagonisme s'effacera, — plus l'association s'étendra et se resserrera, — par conséquent, plus chacun sentira qu'il a intérêt à ce que chacun soit classé suivant sa capacité, c'est-à-dire, mis dans la place où il pourra rendre le plus de services à la société.

Imaginez un homme propriétaire d'une machine assez puissante pour filer le coton, moudre le blé et scier le bois nécessaire à une ville entière;

Imaginez que cet homme, loin d'employer sa machine à un tel usage, l'emploie à faire mouvoir une balançoire dans laquelle il se berce nonchalamment tous les jours de sa vie, sans rien produire pour la société.

Supposez que pendant ce temps, la moitié de la ville manque de farine, de coton ou de bois pour meubles;

Vous aurez l'image de la soi-disant société actuelle, dans laquelle des hommes possèdent un énorme superflu dont ils disposent à leur gré productivement ou improductivement, tandis que d'autres manquent du nécessaire; — heureux encore ceux-ci, quand l'instrument qui, placé en d'autres mains, pourrait servir à leur bien être, ne devient pas pour eux un instrument de dommage, placé en des mains inintelligentes.

Mais vous aurez aussi l'espoir consolant que ce désordre finira par frapper les yeux les moins clairvoyans; et alors où s'arrêtera la puissance humaine,

Quand toutes les forces des hommes seront employées harmonieusement à procurer à tous la plus grande somme de bonheur possible;

C'est-à-dire, quand chacun sera classé suivant sa capacité dans une société où ne règnera plus l'antagonisme sous le nom de fermage, salaire, concurrence, etc., mais où tous et chacun concourront au même but comme des millions de bras mus par une seule tête? — 78 à 81.

Expliquer, c'est dérouler et comprendre les conséquences d'un principe.

L'homme intelligent sait que les opinions arriérées sont des conséquences, c'est-à-dire, des vérités, et explique des conséquences plus avancées que ne peuvent comprendre les hommes moins intelligens.

Il sait aussi que les conséquences qu'il ne peut comprendre sont également vraies, car tout est vrai.

Pour le vulgaire, les vérités arriérées sont des erreurs ou des mensonges; les vérités trop avancées, folie, absurdité, mysticisme, mensonge.

Tout cela est vrai suivant le temps, le lieu et les individus.

Quand tous les hommes auront de la loi du progrès l'idée que les chefs de l'humanité en ont dans ce moment, le mot absurde sera rayé de tous les vocabulaires; — à cette époque, toute guerre, toute dispute, toute discussion sera nécessairement impossible. — 79.

Les hommes qui commencent à sentir que le progrès est nécessaire, et qui cependant font effort pour faire accorder cette opinion avec la liberté de l'homme, sont encore dans la saison de l'orgueil; ils sont glorieux, ils ne peuvent comprendre un bonheur qu'ils ne croiraient pas avoir gagné. 16 — 23 à 28.

Dieu étant infiniment juste, il est impossible de ne pas admettre que le classement suivant la capacité, ait lieu dès ce moment, si l'on veut entendre par classement suivant la capacité, le classement suivant la destination de l'homme, suivant son œuvre dans l'œuvre générale.

On doit également admettre que les alternatives de travail et de repos se succèdent suivant la justice la plus exacte, c'est-à-dire, que celui qui se repose pendant toute cette vie a rudement travaillé pendant sa vie précédente et réciproquement.

La venue du règne de Dieu sur la terre, autrement le progrès, consiste en ce que de plus en plus l'homme verra clair dans l'œuvre de Dieu, son rôle sera de moins en moins obscur pour lui, et aussi de moins en moins pénible.

Tant que régnera ce qu'on appelle l'antagonisme, ce qui l'est en effet relativement à notre courte vue, l'homme pourra croire au désordre, au classement injuste, au hasard aveugle. — Supposez qu'un mauvais général soit mis à la tête d'une armée et soit battu, direz-vous qu'il n'était pas à sa place? mais ce serait dire que Dieu n'a pas présidé à l'acte qui l'a placé, ce serait dire que quelque chose a été fait sans ou contre la volonté de Dieu. — Il entrait dans le plan éternel qu'une armée fût battue; Dieu place à la tête de cette armée un mauvais général. — Ainsi de tous les prétendus désordres.

Le but de l'humanité étant de plus en plus connu, les hommes comprenant de plus en plus cette vérité :

qu'ils marchent vers l'Association ou la Société, c'est-à-dire un ordre de choses dans lequel les avantages sociaux n'étant plus accordés seulement à quelques-uns, dans une même période de vie, mais appartenant à chacun en proportion de ses œuvres, chacun aura intérêt à ce que ses co-sociétaires soient respectivement placés dans la position où ils pourront rendre le plus de services à la société.

Les choix faits par eux seront de plus en plus éclairés, les erreurs de moins en moins nombreuses et importantes relativement au but connu d'eux.

Pareillement aussi les alternatives de travail et de repos étant réglées par eux-mêmes dans une même période de la vie générale, ils ne pourront plus croire à l'arbitraire, à l'inégalité, au privilége.

Et le bonheur de tous en sera augmenté, car la croyance au privilége est un malheur pour ceux qui s'en croient les victimes comme pour ceux qui sont haïs par ceux qui les regardent comme privilégiés.

Il n'y a donc, il ne peut y avoir ni désordre, ni privilége, et cette vérité serait encore bien plus évidente si l'on pouvait descendre au fond des consciences, seul moyen de connaître le bonheur de chacun. — 3o.

Il y a proportionnellement une égale quantité de bonheur dans toutes les classes de la société; on ne peut augmenter le bonheur d'une portion de l'humanité sans augmenter celui du reste des hommes.

C'est dans ce sens qu'on peut dire, même sans croire à la liberté de l'homme, que plus l'homme fera d'efforts plus il sera heureux.

Ses efforts seront le signe et non la cause du bonheur comme l'ascension de la sève est le signe et non la cause de la végétation , — la cause de l'un comme de l'autre de ces phénomènes est en Dieu.

S'il est vrai (et cela est) que dans les différentes périodes de la vie éternelle , l'homme parcourt les différens états , les différentes classes de la Société , de l'humanité , on conçoit aussi que le riche qui travaille à l'amélioration du sort des pauvres , travaille pour lui-même ; non-seulement parce qu'il sera plus heureux quand il ne sera entouré que d'heureux , mais encore parce que , dans une autre vie , il sera lui même dans la classe dont il aura contribué à améliorer le sort.

« Jésus lui dit : si vous voulez être parfait, allez,
» vendez ce que vous avez et donnez-le aux pauvres ,
» et vous aurez un trésor dans le ciel, puis venez et me
» suivez. *Matth.* 19 — 21.

» Et quiconque abandonnera pour moi sa maison
» ou ses frères, ou ses sœurs, ou son père, ou sa
» mère, ou sa femme, ou ses enfans, ou ses terres, en
» recevra le centuple et aura pour héritage la vie éter-
» nelle. *Ibid.* 29.

» Mais plusieurs qui avaient été les premiers seront
» les derniers , et plusieurs qui avaient été les derniers
seront les premiers. *Ibid.* 30.

. . . .

» Alors le roi dira à ceux qui seront à sa droite :
» venez, vous qui avez été bénis par mon père, pos-
» sédez comme votre héritage le royaume qui vous a
» été préparé dès le commencement du monde.

» Car j'ai eu faim et vous m'avez donné à manger,
» j'ai eu soif et vous m'avez donné à boire, j'ai eu be-
» soin de logement et vous m'avez logé.

» J'ai été sans habits et vous m'avez revêtu, j'ai été
» malade et vous m'avez visité, j'ai été en prison et
» vous m'êtes venu voir.

. . . .

» Et le roi leur répondra : Je vous dis en vérité qu'au-
» tant de fois que vous avez rendu ces devoirs au moin-
» dre de mes frères, c'est à moi-même que vous les
» avez rendus. *Matth.* Ch. 25, v. 34, 35, 36, 40,
» (voir les notes 6ᵉ et de 29 à 45). »

Substituez l'association à l'aumône, voilà le Saint-
Simonisme.

Le classement suivant la capacité ne sera jamais
parfait, puisque l'humanité n'atteindra jamais la perfection dont elle s'approchera seulement de plus en
plus pendant l'éternité.

Dieu n'a qu'une loi, — dans la vie éternelle, l'homme
doit parcourir des périodes de bien-être et de mal-être
analogues aux saisons qui divisent l'année. Les tribulations succèdent aux joies et les joies aux tribulations,
mais de telle sorte que le bonheur va toujours en aug-
mentant et la douleur en diminuant.

Et à une époque de la vie future, il y aura une telle
fusion de ces deux états successifs que les nuances seront à peine perceptibles quoiqu'existant cependant
toujours.

*Car rien ne meurt, tout se transforme et se per-
fectionne.*

Et d'ailleurs le bonheur a besoin de contraste.

On peut également assurer qu'à une époque de l'a-
venir, l'homme se rendra tellement maître de la *nature extérieure*, que les différences des saisons dispa-

raîtront à peu près complètement. — L'âge d'or est devant nous : *ver erit æternum.*

Un gouvernement qui laisse le peuple sans éducation, ressemble à un propriétaire qui laisse la majeure partie de ses terres en friche.

Il y a deux éducations : l'éducation qui vient de Dieu immédiatement, s'il l'on peut dire, ou par des agens que nous ne pouvons apprécier, et l'éducation que Dieu donne aux hommes par les autres hommes — 18.

La première agit nécessairement et à chaque instant de la vie générale ; la seconde, seulement à certaines époques, selon une règle que nous ne connaissons pas.

Il résulte de là, que tel homme ou telle peuplade entièrement privés de l'éducation des hommes peuvent cependant être beaucoup plus intelligens que tels autres hommes plus savans que les premiers.

Certaines peuplades appelées sauvages parce qu'elles manquent entièrement d'instruction sont , relativement à des peuples moins intelligens , moins sympathiques, mais plus instruits, ce qu'est une excellente terre qui , sans culture , produit des fruits délicieux , relativement à une terre moins bonne qu'une bonne culture a couverte de moissons. Vienne le cultivateur qui défriche les savanes , et l'on sera surpris en voyant la supériorité et l'abondance des produits de cette terre jusque là couverte seulement d'arbres sauvages.

Le signe le plus certain d'intelligence chez les hommes ou les peuplades incultes, c'est la douceur des mœurs — 4 — 9 — 10 — 15 — 19 — 57 — 58 — 61 — 62 — 63 — 68 — 73 — 74 — 75 — 82.

Cela explique comment les habitans d'O-Taïti civilisés d'hier, ont déjà aboli la peine de mort contre laquelle on réclame en vain chez les peuples les plus anciennement civilisés de l'Europe.

S'il n'était pas vrai que l'éducation générale agît incessamment et sans le secours des hommes, comment progresseraient les êtres inférieurs à l'homme? — 88.

Hasard ne peut signifier autre chose que ce que l'homme n'a pas prévu : un alchimiste cherche la pierre philosophale, il découvre la poudre à canon; — c'est dans ce sens que l'on peut dire : le hasard est le père des découvertes.—Cela est vrai relativement aux découvertes auxquelles on est conduit en suivant les conséquences d'un principe; — mais en définitive Dieu a tout prévu.

Ceux qui appellent hasard un évènement qu'ils croient n'avoir pas été prévu par Dieu sont de véritables païens; le hasard est pour eux un Dieu auxiliaire.

Tout vient de Dieu, tout est révélation. — Éducation et révèlation sont synonymes. — 16 à 19 — 23 à 28.

Si par égoïste on entend un homme qui veut être heureux sans travailler au bonheur de ses semblables;

Ou celui qui veut être heureux aux dépens des autres,

Ou celui qui ne conçoit qu'un bonheur exclusif,

Idiot, stupide, imbécile sont synonymes d'égoïste.

En s'aimant lui-même, Dieu aime tous les êtres.

Celui qui se rapproche le plus de Dieu, c'est-à-dire celui qui est le plus heureux est celui qui sent le mieux que son bonheur dépend du bonheur du reste de l'humanité. — 68 — 69.

Heureux est donc synonyme d'intelligent et de sympathique.

Celui qui se sacrifie pour l'amélioration du sort de tous, s'aime donc d'un amour beaucoup plus éclairé que celui qui sacrifie l'intérêt général à ce qu'il croit être le sien.

Le dévouement n'est donc autre chose que l'égoïsme éclairé. — 29 à 45.

Dieu est un et multiple à la fois. — Vous le considérerez sous l'un ou sous l'autre de ces deux aspects, selon que cela vous sera nécessaire pour mettre sa bonté et sa justice d'accord avec l'idée la plus parfaite que vous puissiez avoir de la justice et de l'amour, - car vous ne pouvez concevoir l'amour infini.

Il y a autant d'idées de Dieu qu'il y a d'êtres, c'est-à-dire que Dieu se réfléchit dans tous les êtres. Les peuples les plus sympathiques adorent le Dieu le plus aimant. Aussi, voyez comment, à mesure que l'homme progresse, l'idée de Dieu va toujours s'épurant, se débarrassant du cortége des tortures, des châtimens, des peines. —Voyez le cruel Dieu des Juifs faisant place au Dieu des Chrétiens, cruel encore, puisqu'il a des peines éternelles ; — puis le Dieu des Saint-Simoniens devant lequel il n'y a plus de réprouvés, mais par qui tous sont appelés et tous seront élus. — 18 — 55 — 69.

Les lois humaines suivent la même progression que les lois divines : —.le peuple qui croit à un Dieu cruel a nécessairement des lois atroces : à mesure que sa croyance s'affaiblit, ses lois s'adoucissent.

Que si les chefs d'un peuple veulent lui imposer des lois arriérées, c'est-à-dire qui ne sont pas en rapport avec sa moralité, ses idées de justice, ses sympathies,

De deux choses l'une, ou la loi ne sera pas appliquée, ou bien l'indignation qu'elle causera, véritable fièvre

populaire, ne pourra cesser que par l'expulsion du législateur devenu pour le corps politique un véritable
corps étranger.

On peut en dire autant des chefs qui refusent aux
peuples les lois que leur moralité réclame, — c'est-à-
dire que la *rétrogradation* et le *statu quo* sont également impossibles.

On ne réussit pas mieux à arrêter un torrent qu'à le
faire rétrograder : « le torrent roule à Jéhova. »

Il n'y a qu'une loi. —Toutes les vérités physiques sont
aussi des vérités morales.

Il n'y a pas de paresseux, il y a seulement des personnes
qui aiment plus ou moins les fonctions qu'elles sont
appelées à remplir.

Il y a dans les expressions plus de vérités qu'on ne
le pense généralement. — De tout temps on a appelé
l'homme criminel un malheureux. — De tout temps
on a dit de celui qui avait bien ou mal fait : il a eu une
bonne ou une mauvaise inspiration. 24 — 25 — 28.

L'intelligence, c'est-à-dire la moralité relative à la
loi éternelle, *tu aimeras Dieu et ton prochain*, etc., est
le seul moyen d'estimer l'âge d'un homme dans la vie
générale ou sa place relative dans la hiérarchie humanitaire.

Il y a beaucoup de vieillards de vingt-cinq ans, et
beaucoup d'enfans de soixante. 5 — 6 — 8 — 9 — 10
— 13 — 15 — 56 — 66 — 68 — 69 — 82.

Dans la vie éternelle, les êtres répètent à chaque période de vie ou après chaque transformation, les phases
qu'ils ont déjà parcourues dans la vie précédente; —
mais de telle sorte qu'à chaque nouvelle vie et dans

chaque période de celle-ci, ils soient de plus en plus parfaits ou heureux.

Il en est de même de l'humanité. — Les peuples parcourent les quatre âges; enfance, jeunesse, virilité, caducité; — puis ils se renouvellent, mais dans leur caducité, ils sont plus intelligens, plus parfaits qu'ils ne l'étaient dans la jeunesse, ou la virilité de la même période. — 15.

Ce qu'on appelle alors immoralité, est seulement l'abandon de la vieille morale, de la vieille religion que les hommes quittent comme un vieil habit qui tombe en lambeaux.

L'humanité entre alors dans une période critique ou philosophique, véritable enfance de la vie nouvelle, âge destructeur, pendant lequel les hommes nouveaux commencent en riant la démolition du vieil édifice et finissent par se battre sur ses débris que défendent les vieillards de l'autre âge.

Bientôt après, une nouvelle loi est formulée par l'homme qui est réellement le chef de l'humanité, le seigneur, *senior*, la loi vivante, le père; — et alors les hommes après lui les plus moraux, c'est-à-dire les plus âgés, se séparent d'une société livrée à l'anarchie, à l'individualisme, et suivent avec amour le nouveau législateur, comme des enfans suivent leur père ou leur maître. — 8 — 13.

Mais de telle sorte qu'à chaque rénovation la nouvelle loi est plus belle, le législateur plus fort et plus aimant, les disciples ou les enfans plus dociles et plus dévoués; car l'amour ou l'intelligence va s'accroissant pendant l'éternité; — et le Christ dont la voix a rallié ces hommes est réellement le sauveur de l'humanité;

car l'ancienne loi, la dernière révélation ne la satis-
faisant plus, n'étant plus en rapport avec ses idées du
beau et du bon, avec sa moralité; en un mot, —
les hommes s'abandonnent à leur propre inspiration,
c'est-à-dire, à l'individualisme ou à l'irréligion, dont
le dernier terme serait la complète dissolution de la
société si, avant que l'humanité ait atteint ce terme,
Dieu ne lui envoyait pas un nouveau lien d'amour, une
nouvelle religion — 48.

La religion et la philosophie sont donc les deux
phases de la révélation : — la première construit, la
seconde détruit l'ouvrage de la première et prépare le
terrain pour une construction nouvelle, car Dieu n'efface que pour mieux écrire.

Aux époques philosophiques l'homme doit être pré-
somptueux : — pour qu'il pense à détruire l'ancien édifice religieux, il faut qu'en même temps qu'il voit ses
imperfections il s'imagine pouvoir atteindre la perfection; qu'il croie que ses yeux pourront embrasser toute
l'étendue de la lumière infinie.

Aussi, voyez comme les hommes du 18e siècle se
moquaient des mystères. — Les philosophes n'ont-ils
pas la prétention d'expliquer tout? — Il n'est pas rare
d'en rencontrer qui prétendent avoir trouvé la vérité
qu'on avait en vain cherchée jusqu'à eux.

Examinez les philosophes ; vous verrez en eux tous
les signes de l'enfance; la vanité, l'amour du bruit et
de ce qui brille, la présomption, l'irascibilité, etc.

Mais aussi, comme chez les enfans, ces défauts ne
sont que de légers nuages qui couvrent passagèrement
un fond de sympathie toujours croissante.

De telle sorte que chez eux il y a plus d'intelligence

que chez les jeunes vieillards dont ils se moquent en détruisant leur ouvrage.

C'était Voltaire qui faisait réhabiliter Calas assassiné par le fanatisme , et prenait la défense du jeune Delabarre que les prêtres de son époque faisaient périr dans d'affreux tourmens.

Aux époques organiques ou religieuses, l'homme dont l'intelligence a fait un progrès , sait qu'il ne peut arriver à la perfection , mais que sa tâche est seulement de construire un édifice approchant plus de la perfection que celui qu'il doit remplacer.

Car , il sait que l'homme s'approche sans cesse de la perfection sans jamais l'atteindre ; — il n'est plus dans l'âge de la présomption , il croit au mystère.

A cette époque , les enfans , ou les philosophes , trompés par quelques traits de ressemblance , attaquent l'édifice nouveau , dont ils ne comprennent pas le plan , avec les mêmes armes qui leur ont servi à renverser l'ancien.

Mais leurs efforts n'ont pas la puissance d'irriter ni même d'étonner les nouveaux architectes : — Ceux-ci continuent leur ouvrage avec confiance , certains que les enfans deviendront des hommes.

— Tant que les hommes ont dû croire que leur loi religieuse était immuable, c'est-à-dire, tant qu'ils ont ignoré que l'humanité était progressive, les hommes les plus avancés dépassaient successivement le cercle inflexible de la loi.

Tellement qu'à une époque donnée du progrès , les ministres de la loi stationnaire , ceux qui de droit étaient les chefs de la société , étaient de fait moins moraux , moins intelligens que tous ceux qui avaient dépassé la loi — 73 à 75.

Et pourtant, comme ces hommes arriérés, possédant encore le pouvoir, mesuraient la *morale publique* à leur loi arriérée qu'eux-mêmes ne suivaient plus, quoiqu'ils voulussent encore paraître la suivre, les novateurs, les véritables chefs de l'humanité ont toujours été condamnés par eux comme immoraux.

Quand l'immense majorité des hommes ayant dépassé la loi morte, celle-ci a définitivement pour organes, pour ministres, les hommes qui sont au dernier échelon de l'intelligence, de la moralité ;

Quand les hommes qui sont au dernier degré de l'échelle sociale, ont plus d'intelligence, plus d'amour pour leurs semblables, plus de moralité que ceux qui sont les chefs de droit,

Alors vous saurez que la rénovation, la résurrection, le royaume de Dieu est proche.

» Mais plusieurs qui avaient été les premiers seront
» les derniers, et, plusieurs qui avaient été les derniers
» seront les premiers. » *Math.* — 19 — 30.

Tant que les hommes sont unis par un lien religieux, tant qu'ils sont soumis à une hiérarchie, le chef donne l'impulsion aux inférieurs qui lui obéissent avec amour parce qu'ils savent qu'il est le plus intelligent, le plus moral, le plus aimant.

Cette hiérarchie est donc essentiellement moralisante tant que les chefs sont les hommes les plus moraux, puisque leur moralité est la règle qui guide les inférieurs.

On conçoit qu'il doit être difficile alors d'avoir une juste idée de la moralité des inférieurs, c'est-à-dire de leur place respective dans le progrès, si l'abnégation de la raison est imposée aux fidèles sous peine d'éternelle damnation, véritable collier de force sous l'influence duquel l'inférieur est transformé en automate, n'agissant, ne pensant que d'après l'ordre ou la permission du chef.

Mais à l'époque où, par suite du progrès, la loi inflexible qui fut autrefois une religion, ne régit plus qu'un parti, qu'une fraction du corps social composée d'hommes arriérés, dépassés par la majeure partie des sociétaires.

S'il arrive que les chefs de parti représentant les anciens prêtres, aient ou croient avoir intérêt à combattre les hommes du progrès et lâchent la bride à leurs inférieurs,

On aura alors la véritable mesure de la moralité de ceux-ci, car chacun d'eux commettra plus ou moins de crimes, c'est-à-dire d'actions arriérées, selon qu'il sera plus ou moins arriéré.

On vante la probité des paysans de la Vendée et en général des villages influencés par les idées catholiques; — quelques personnes les mettent beaucoup au-dessus de ceux qui ont secoué le joug de ces idées ; et en effet dans les temps de tranquillité il y a une telle uniformité de *probité* parmi les paysans dévots qu'on trouverait difficilement une nuance entre chacun d'eux.

Rien de plus varié, au contraire, que la moralité des hommes qui ont abandonné la vieille religion; chacun d'eux obéit à son impulsion, à son inspiration, à son intérêt comme il le conçoit ; on les voit tels qu'ils sont réellement.

Véritable animal apprivoisé, le paysan dévot reprend sa férocité native, dès que son maître l'abandonne à lui-même.

Jusque-là, on n'avait pu le juger, car pour lui le bien ou le mal c'était l'ordre ou la défense du maître.

Les prolétaires, qui depuis peu ont secoué le joug de leurs anciens chefs, se défient pendant quelque temps de toute hiérarchie, parce qu'ils ont vu l'immoralité des chefs, des prêtres qu'ils viennent de quitter, c'est-à-dire de laisser en arrière sur la route du progrès.

Bientôt ils sentiront le besoin d'une hiérarchie, ils chercheront, se tromperont d'abord et pourront suivre un despote qui, pendant quelque temps, les amusera avec de la gloire militaire, des titres, des rubans et autres hochets semblables.

Mais ils sont en voie de progrès; — encore quelques pas et leur intelligence plus développée leur permettra de distinguer leur véritable sauveur, celui qui aura le mieux formulé la nouvelle loi sociale, celui qui aura le mieux compris les besoins nouveaux dans la nouvelle traduction de cette vérité éternelle : tu aimeras Dieu par-dessus toutes choses et ton prochain comme toi-même.

La connaissance de la loi du progrès aura pour effet de faire disparaître de la vie humanitaire les époques critiques ou philosophiques; le progrès n'éprouvera plus d'interruption et les chefs seront dans tous les temps les hommes les plus sympathiques.

La liberté consiste à faire ce qu'on aime, Dieu nous fait aimer ce qu'il veut que nous fassions; il est donc vrai de dire que l'homme est libre et qu'il ne l'est pas, — nouvelle preuve que tout est vrai.

Si l'on entend par liberté le droit, pour chaque individu, d'agir sans être guidé par des hommes supérieurs en intelligence, mais seulement par une loi morte sujette à autant d'interprétations qu'il y a de degrés d'intelligence, nous sommes encore bien loin de l'époque où l'ordre et la liberté pourront être conciliés.

Cela n'arrivera qu'à l'époque où les hommes seront à peu de chose près égaux en intelligence, où ils seront en quelque sorte consommés dans l'unité.

Mais à cette époque, le despotisme et la liberté se concilieront parfaitement, puisque le premier et le dernier étant à peu près égaux en intelligence, il n'y aura qu'un seul désir, qu'une même volonté.

L'oisiveté est la mère de tous les vices, — les hommes arriérés sont dans la vie générale ce que les enfans sont dans chaque période de vie ; leurs passions, c'est-à-dire les désirs que Dieu leur a donnés pour leur bonheur, n'étant pas réglées par une intelligence assez avancée, seraient pour eux une cause de douleurs et non de jouissances, si leur pouvoir de les satisfaire n'était pas modéré d'une manière quelconque.

Voilà la cause du despotisme, de l'esclavage, du travail dont sont accablés les hommes arriérés.

Si Dieu permet que quelques-uns d'eux riches ou pauvres vivent dans l'oisiveté et la liberté, les deux circonstances les plus favorables à la manifestation du degré de moralité de ceux qui s'y trouvent placés, c'est afin que leur exemple soit une preuve de l'inconvénient qu'il y aurait à lâcher les rênes à tous ceux

qui sont au même degré de l'échelle intellectuelle,
— faisons remarquer ici l'erreur, c'est-à-dire le peu
d'intelligence de ceux qui pensent que la civilisation
est une cause de corruption, — en d'autre termes : que
l'homme se détériore, qu'il rétrograde au lieu de
progresser.

La civilisation augmente les moyens que les hommes
ont de satisfaire leurs désirs, — de deux hommes au
même point du progrès, celui qui vivra dans l'état
sauvage, paraîtra peut-être aux yeux d'un observa-
teur superficiel moins *vicieux* que celui qui vit dans un
pays civilisé.

Mais si ce dernier se livre à des excès qu'on ne peut
reprocher au premier, c'est qu'il a des occasions et
des moyens plus nombreux et plus fréquens de satisfaire ses désirs.

Cela explique pourquoi pendant un temps les plaisirs de la chair ont été défendus à certains peuples avec
menaces de peines horribles et éternelles pour ceux
qui violeraient cette défense.

Si Dieu a voulu que dans le même temps et avec
des moyens à peu près égaux de se satisfaire, d'autres
peuples n'aient pas été soumis à la même loi, n'est-ce
pas une preuve que chez ces peuples il y avait plus
d'intelligence que chez les précédens ?

Dans l'examen de cette question il faut voir s'il
n'existait pas chez les derniers d'autres obstacles équi-
valens.

Un peuple qui, après avoir renversé ses maîtres et
dans l'ivresse de la victoire, peut mettre un frein à ses
passions, est bien près de l'époque marquée par Dieu
pour son émancipation, — sa résurrection.

La propriété est tout ce qui sert à la production , — mon intelligence , mes bras , ma bèche , ma terre servent à la production du blé, du vin , qui servent à obtenir d'autres produits qui produisent en définitive du bien-être à la société.

L'homme est de moins en moins exploité par l'homme, c'est-à-dire que la propriété est de plus en plus respectée. — 79.

Les peuples les plus avancés , les plus intelligens sont donc ceux chez lesquels l'homme est le moins exploité par l'homme. — 68 à 72. — 82.

Chez la plupart des peuples de l'Europe , l'esclavage et le servage ont disparu , mais aucun d'eux ne s'est encore élevé jusqu'à l'association ou la société, ordre de choses dans lequel chacun aura une part de jouissances proportionnée à ce qu'il aura fait pour la jouissance des autres.

Les prolétaires sont les propriétaires qui paient les impôts , mais ne les votent pas.

Il y a exploitation , non-seulement quand un individu enlève à un autre tout ou partie du produit de son travail , c'est-à-dire de sa propriété,

Mais encore et plus généralement toutes les fois que dans les relations entre deux individus, l'un a des droits que n'a pas l'autre , — l'un est soumis à des devoirs qui ne sont pas imposés à l'autre , — partout où il y a exploitation , il y a privilège et réciproquement.

De ce qui précède , il résulte que chez tous les peuples connus il y a non-seulement exploitation de l'homme par l'homme , mais aussi exploitation de la femme par l'homme.

On a observé que chez les peuples où l'homme est

(53)

le plus exploité par l'homme, la femme l'est en égale
proportion et *vice versâ.*

—Celui qui désire le plus ardemment l'amélioration du sort de ceux qui souffrent, doit être le plus
sensible aux maux qui désolent l'humanité.

Cet homme qui porte les douleurs de tous ceux qui
souffrent, est donc le plus malheureux des hommes?
non sans doute;

Car, s'il en était ainsi, le progrès qui n'est autre
chose que l'extension de l'amour du prochain serait
une cause de douleur et non de joie.

Si l'homme intelligent désire une société nouvelle,
c'est, il est vrai, parce qu'il se trouve mal à l'aise dans
les ruines de celle où il vit pour le moment.

Mais il connaît la loi d'amour, il a foi dans l'avenir,
dans la venue du règne de Dieu sur la terre. — 8o.

Il se détache des choses de ce monde et transporte
sa vie presque entière dans le monde à venir.

Si son cœur saigne de toutes les douleurs présentes,
il jouit, en compensation, des joies ineffables, infinies,
dont l'humanité tout entière jouira pendant l'éternité.

Celui qui ne souffre que de ses douleurs, ne jouit
aussi que des joies grossières et matérielles qu'il peut
se procurer au jour le jour.

Ne connaissant pas l'avenir, il tremble chaque jour
pour son bonheur du lendemain, et craint la mort
comme la fin de ses jouissances, peut-être même comme
le commencement de souffrances éternelles.

L'homme intelligent se confiant dans la sagesse infinie, se résigne à toutes les tribulations qu'il éprouve,
et ne voit en elles que des preuves de son aveuglement.

3

(34)

S'il rencontre la douleur où il croyait trouver le plaisir, il sait que tout est pour le mieux, et que ce qu'il est tenté de prendre pour un malheur ne lui paraît tel que parce que sa vue est bornée.

Pour lui, tout est nécessaire, puisqu'il sait que l'infini a tout prévu et n'a pu régler tout qu'infiniment bien.

Si par fois il verse des larmes que l'égoïste ne connaît pas, il y a dans ces larmes plus de douceur que d'amertume.

Puisqu'il sait que les douleurs sur lesquelles il pleure, quelle qu'en soit la raison ignorée, ne sont que des phases nécessaires, mais toujours décroissantes d'une vie de plus en plus heureuse pendant l'éternité,

Car il sait que Dieu est infiniment bon.

L'hypocrisie est un progrès sur la superstition (abnégation de la raison), et sur le fanatisme (superstition devenue furieuse).

J'appelle hypocrisie, non-seulement le masque épais du tartufe,

Mais le voile plus léger dont se couvrent les hommes qui, revêtus de la toge, tonnent contre des *crimes* ou des *vices*, dont chacun sait bien qu'ils sont les premiers à rire quand ils ont repris l'habit bourgeois,

Et celui plus transparent encore de ces hommes qui suivent quelques-unes des pratiques d'une religion à laquelle personne ne croit plus, et disent pour colorer leur conduite : il faut une religion pour le peuple, ou bien : il faut donner le bon exemple aux enfans — 40 — 73 à 75.

L'hypocrite commence à protester par quelques-uns de ses actes contre la vieille loi religieuse ; il trouve plus de plaisir à la violer qu'à la suivre ;

Mais il n'est pas assez intelligent pour concevoir que cette loi doit être remplacée par une autre meilleure, — ou, s'il le sait, il n'a pas encore la force de s'exposer à l'animadversion des hommes arriérés en le leur disant.

D'autres dissimulent, parce qu'ils voient qu'à l'observation de la vieille formule tient la conservation des débris de l'ancienne société.

Ils ne voient pas que la forme de la société, comme celle de la morale, est éternellement progressive,

Et que d'ailleurs, une loi qui n'est plus bonne ne le redeviendra pas parce que quelques hommes feront semblant de la regarder comme telle.

Il y a chez les femmes plus d'hypocrisie que chez les hommes. — Est-ce à dire qu'elles soient moralement plus faibles? non sans doute.

Mais c'est que, placées dans une position infiniment moins avantageuse que celle où les hommes se sont mis eux-mêmes, il leur faut beaucoup plus de force pour se mettre au-dessus des préjugés.

Placées plus bas, il leur faut une énergie plus grande pour s'élever au même point, et elles savent que, si leurs efforts ne sont pas suivis de succès, leur chûte sera plus lourde et suivie de conséquences plus fâcheuses.

Jusqu'à ce jour la force physique a été la loi suprême, *ultima ratio regum*. C'est en vertu de cette loi que les femmes ont été constamment exploitées par les hommes qui leur ont toujours imposé des devoirs au-dessus desquels ils savaient bien se mettre soit de droit soit au moins de fait.

Comment les femmes ne seraient-elles pas hypocrites? dès leur enfance on leur apprend que sous peine d'exposer le bien-être de toute leur vie , elles doivent s'étudier à cacher leurs idées , leurs sentimens.

Elles doivent feindre d'ignorer ce qu'elles savent, jouer l'indifférence quand elles brûlent d'amour, paraître gaies quand le désespoir est dans leur cœur.

Et dans la société actuelle cette comédie continuelle est nécessaire.

Car si une femme laisse apercevoir des dispositions à un sentiment tendre, ses tyrans se feront un jeu d'abuser de sa candeur et une *gloire* de lui faire violer la loi qu'ils lui ont imposée.

Eux aussi ils feindront pour un temps ; ils paraîtront tendres , soumis , serviles même , et quand leur victime , trompée par l'apparence d'un sentiment auquel elle croit parce qu'elle l'éprouve , leur aura fait le sacrifice de ce qu'elle regarde comme son devoir le plus sacré ,

Le séducteur relèvera fièrement la tête et dira : je suis vainqueur !

Car il sait que l'inconséquence , l'injustice , l'inintelligence de la *société* accordera au trompeur les honneurs du triomphe et n'aura pour celle qu'il a indignement trompée que l'injure et le mépris.

Rarement les femmes ont osé protester contre cette injustice , et ce fut un homme , un homme divin qui dit aux juifs assemblés pour lapider une femme adultère : que celui de vous qui est sans péché lui jette la première pierre. — Jean 8, 7.

Sans doute, ce n'est pas que toutes les femmes regardent comme juste la loi sous laquelle les hommes les ont forcées de se courber. Il en est beaucoup qui savent que, du séducteur et de sa victime, le premier est le plus et même le seul méprisable, et que, quoi qu'en aient dit les hommes, ce qui est pardonnable pour l'un, ce dont il se vante comme d'une *bonne fortune*, ne peut être pour l'autre une infamie, un déshonneur ineffaçable.

Mais elles n'osent avouer leurs véritables sentimens, convaincues qu'elles sont que la force est encore une loi, que celles qui tenteraient de s'y soustraire ne feraient qu'aggraver leur position, et que leurs efforts d'émancipation n'aboutiraient à rien, si ce n'est à faire connaître à tous qu'elles n'ont pas de respect pour la vieille loi, c'est à dire, qu'aux yeux du plus grand nombre, aux yeux de ceux qui croient que la forme actuelle de la morale est seule bonne, elles seront réputées immorales.

Le progrés doit nécessairement amener l'époque où l'intelligence seule aura le droit de gouverner le monde. — Alors il sera reconnu que la femme est l'égale de l'homme.

Alors la femme, libre de dire toute sa pensée, sera appelée à faire de moitié avec l'homme la nouvelle loi qui régira la société.

Cette époque ne peut être éloignée, car s'il est encore chez les peuples civilisés, des hommes qui prouvent par leurs actes qu'ils croient que la force est une loi, il en est bien peu qui oseraient avouer une pareille opinion. — Le règne de la violence touche donc à sa fin.

Alors paraîtra une femme, un messie en qui se résumeront tous les besoins, tous les désirs de la moitié de l'humanité, et qui viendra les dire au monde.

Car s'il y a un premier parmi les hommes, il y a aussi une première parmi les femmes.

Et cette femme sera le sauveur des hommes comme celui des femmes.

Car la promulgation de la loi d'égalité de l'homme et de la femme aura pour premier résultat de changer en puissance moralisante l'influence de la femme presque toujours démoralisante aujourd'hui.

Car l'influence que la force de l'homme refuse à l'intelligence de la femme, celle-ci sait bien la conquérir par la ruse.

Car toujours la tyrannie engendre la ruse, et la ruse, c'est-à- dire l'absence de la franchise, rend impossible toute association, toute véritable société.

En attendant la venue de ce nouveau chef de l'humanité, honneur aux femmes fortes qui, les premières, au nom de leur sexe, ont crié liberté, égalité ! Elles crient encore dans le désert ; — les ténèbres ne comprennent pas la lumière qu'elles apportent.

Mais si le plus grand nombre des hommes et même des femmes de leur siècle essaient de leur faire une couronne d'épines et de bouc, la postérité leur élèvera des autels.

La liberté consiste à faire ce qu'on aime. — L'être qui aime le plus, l'être le plus intelligent est aussi le plus libre.

NOTES.

(1) Au commencement était le Verbe, et le Verbe était avec Dieu, et le Verbe était Dieu. *Jean* 1—1.

(2) Dieu ne parle qu'une fois, et il ne répète point ce qu'il a dit. *Job* 32—8.

Rien n'est nouveau sous le soleil et nul ne peut dire : voilà une chose nouvelle, car elle a déjà été dans les siècles qui se sont passés avant nous. *Ecclésiaste* 1—10.

(3) Et la lumière luit dans les ténèbres, et les ténèbres ne l'ont pas comprise. *Jean* 1—5.

(4) Alors Jésus dit ces paroles : Je vous rends gloire, mon Père, Seigneur du ciel et de la terre, de ce que vous avez caché ces choses aux sages et aux prudens, et que vous les avez révélées aux simples et aux petits. *Math.* 11—25.

(5) En disant voilà celui duquel je vous disais il viendra après moi un homme qui a été préféré à moi parce qu'il était avant moi. *Jean* 1—15.

(6) Jésus lui répondit : En vérité, en vérité je vous le dis, personne ne peut avoir part au royaume de Dieu s'il ne nait de nouveau. *Jean* 3—3.

(7) Ils lui dirent qui êtes-vous ? Jésus leur répondit : Je suis dès le commencement, et c'est ce que je vous dis. *Jean* 8—25.

(8) Jésus leur répondit : En vérité, en vérité je vous le dis, j'étais avant qu'Abraham fût au monde. *Jean* 8—58.

(9) Vous les reconnaîtrez par leurs fruits ; peut-on cueillir des raisins sur des épines, ou des figues sur des ronces ?

(10) Ainsi, tout arbre qui est bon produit de bons fruits, et tout arbre qui est mauvais produit de mauvais fruits. *Mathieu* 7—16—17.

(11) Et pour ce qui est de la résurrection des morts, n'avez-vous point lu ces paroles que Dieu vous a dites :

(12) Je suis le Dieu d'Abraham, le Dieu d'Isaac et le Dieu de Jacob ; — Or Dieu n'est pas le Dieu des morts, mais des vivans. *Mat.* 22—31—32.

(13) Si donc David l'appelle (le Christ) son Seigneur, comment est-il son Fils ? *Math.* 22—4.

(14) Et quant à ce que les morts doivent ressusciter un jour, Moïse le déclare assez lui-même, lorsqu'étant auprès du buisson il appelle le Seigneur le Dieu d'Abraham, le Dieu d'Isaac et le Dieu de Jacob.

Or Dieu n'est pas le Dieu des morts, mais des vivans, *parce que tous sont vivans devant lui. Luc* 20—37—38.

(15) La sagesse est dans les vieillards, et la prudence est le fruit de la longue vie. *Job* 12—12.

(16) Comment pourriez-vous croire, vous qui recherchez la gloire que vous vous donnez les uns aux autres, et qui ne recherchez point la gloire qui vient de Dieu seul? *Jean* 5—44.

(17) Personne ne peut venir à moi si mon Père, qui m'a envoyé, ne le tire à lui, et je le ressusciterai au dernier jour. *Jean* 6—44.

(18) Il est écrit dans les prophètes: Ils seront tous enseignés de Dieu. Tous ceux donc qui ont ouï la voix du Père et ont été enseignés de lui, viennent à moi. *Jean* 6—45.

(19) Vers le milieu de la fête, Jésus monta au temple où il se mit à enseigner.

Et les juifs en étant étonnés disaient: Comment cet homme sait-il l'Écriture, lui qui ne l'a point étudiée?

Jésus leur répondit: Ma doctrine n'est pas ma doctrine, mais c'est la doctrine de celui qui m'a envoyé. *Jean* 7—14—15—16.

(20) Mon Père et moi sommes une même chose. *Jean* 11—30.

(21) Ne croyez-vous pas que je suis dans mon Père et que mon Père est en moi? Ce que je vous dis, je ne vous le dis pas de moi-même; mais c'est mon Père qui demeure en moi, qui fait lui-même les œuvres que je fais. *Jean* 14—10.

(22) En ce jour-là vous connaîtrez que je suis en mon Père, et vous en moi, et moi en vous. *Jean* 14—20.

(23) Mais, à ce que je vois, quoique l'esprit soit dans tous les hommes, c'est l'inspiration du Tout-Puissant qui donne l'intelligence. *Job* 32—8.

(24) Si vous péchez, en quoi nuirez-vous à Dieu? et si vos iniquités se multiplient, que ferez-vous contre lui?

(25) Si vous êtes justes, que donnerez-vous à Dieu? ou que recevra-t-il de vos mains? *Job.* 35—6—7.

(26) L'homme vain s'élève d'orgueil en lui-même, et il se croit né libre comme le petit de l'âne sauvage. *Job* 12—8.

L'argile dit-elle au potier, qu'avez-vous fait? Votre ouvrage n'a rien d'une main habile. *Isaïe* 45—9.

La cognée se glorifie-t-elle contre celui qui s'en sert? La scie se soulève-t-elle contre la main qui l'emploie? C'est comme si la verge s'élevait contre celui qui la lève, et si le bâton se glorifiait, quoique ce ne soit que du bois. *Isaïe* 10—15.

(27) Jésus lui dit: Pourquoi m'appelez-vous bon, il n'y a que Dieu seul qui soit bon. *Marc.* 10—18.

(28) Mais la sagesse et la puissance souveraine est en Dieu; c'est lui qui possède le conseil et l'intelligence. *Job* 12—13.

(29) Le voleur ne vient que pour voler, pour égorger et pour

(41)

perdre ; mais pour moi je suis venu afin que les brebis aient la vie, et qu'elles l'aient abondamment. *Jean* 10—10.

(30) Les Pharisiens lui demandaient un jour quand viendrait le royaume de Dieu, et il leur répondit : Le royaume de Dieu ne viendra point d'une manière qui le fasse remarquer ;

Et l'on ne dira point : il est ici, ou il est là ; car dès à présent le royaume de Dieu est au dedans de vous. *Luc* 17—20—21.

(31) Ne vous faites point de trésors dans la terre, où les vers et la rouille les mangent, et où les voleurs les déterrent et les dérobent.

Mais faites-vous des trésors dans le ciel, où les vers et la rouille ne les mangent point, et où il n'y a point de voleurs qui les dérobent.

(32) Car, où est votre trésor, là aussi est votre cœur. *Mathieu* 6—19—20—21.

(33) Nul ne peut servir deux maîtres, car, ou il haïra l'un et aimera l'autre, ou il s'attachera à l'un et méprisera l'autre ; — vous ne pouvez servir tout ensemble Dieu et l'argent. *Mat.* 6—24.

(34) Celui qui est le plus grand parmi vous sera le serviteur des autres.

(35) Car quiconque s'élèvera sera abaissé, et quiconque s'abaissera sera élevé. *Math.* 23—11—12.

(36) Jésus leur répondit : Je vous dis en vérité que personne ne quittera pour moi et pour l'Evangile sa maison, ou ses frères, ou ses sœurs, ou son père, ou sa mère, ou sa femme, ou ses enfans, ou ses terres,

Que présentement, dans ce siècle même, il n'en reçoive cent fois autant des maisons, des frères, des sœurs, des mères, des enfans, des terres, avec des persécutions (au milieu même des persécutions), et dans le siècle à venir la vie éternelle. *Marc* 10—29—30.

(37) Il a arraché les grands de leur trône, et il a élevé les petits.

(38) Il a rempli de biens ceux qui étaient affamés, et il a renvoyé vides ceux qui étaient riches. *Luc* 1—52—53.

(39) Donnez et il vous sera donné. On vous versera dans le sein une bonne mesure, pressée, entassée, qui se répandra par dessus ; car on se servira envers vous de la même mesure dont vous vous serez servi envers les autres. *Luc* 6—38.

(40) Le jeûne que je demande consiste-t-il à faire qu'un homme afflige son ame pendant un jour, qu'il fasse comme un cercle de sa tête en baissant le cou, et qu'il prenne le sac et la cendre ? Est-ce là ce que vous appelez un jeûne, et un jour agréable à Dieu ?

(42)

Le jeûne que j'approuve n'est-ce pas plutôt celui-ci ? Rompez les chaines de l'impiété, déchargez de tous leurs fardeaux ceux qui en sont accablés ; renvoyez libres ceux qui sont opprimés par la servitude, et brisez tout ce qui charge les autres. *Isaïe* 58—5—7.

(41) Dieu tirera le pauvre des maux qui l'accablent et lui ouvrira l'oreille au jour de l'affliction.

Après vous avoir sauvé de l'abîme étroit et sans fond, il vous mettra fort au large, et vous vous reposerez à votre table qui sera pleine de viandes très-délicieuses. *Job* 36—15—16.

(42) Celui qui donne au pauvre ne manquera de rien, mais celui qui le méprise tombera lui-même dans la pauvreté. *Prov.* 28—27.

(43) Celui qui mourait de faim mangera le blé de cet insensé ; l'homme armé s'emparera de lui comme de sa proie, et ceux qui séchaient de soif boiront ses richesses. *Job* 5—5.

(44) S'il fait un monceau d'argent comme de terre, s'il amasse des habits comme il ferait de la boue.

Il est vrai qu'il les préparera, mais le juste s'en revêtira, et l'innocent partagera son argent. *Job* 17—16—17.

(45) Lorsque le riche s'endormira en mourant, il n'emportera rien avec lui ; il ouvrira les yeux et il ne trouvera rien. *Job* 17—19.

(46) Plusieurs d'entre eux disaient : Il est (Jésus) possédé du démon, et il a perdu le sens, pourquoi l'écoutez-vous ? *Jean* 10—20.

(47) Et étant venus en la maison, le peuple s'y assembla encore en si grande foule, que ni lui ni ses disciples ne pouvaient prendre leurs repas.

Ce que ses proches ayant appris, ils vinrent pour se saisir de lui (Jésus), en disant qu'il avait perdu l'esprit. *Marc* 3—20—21.

(48) Jésus lui dit : Je suis la voie, la vérité et la vie : nul ne vient au Père que par moi. *Jean* 14— 6.

(49) Vous en rendrez aussi témoignage, parce que vous êtes dès le commencement avec moi. *Jean* 15—27.

(50) Je suis en eux et vous en moi, afin qu'ils soient consommés en l'unité, et que le monde connaisse que vous m'avez envoyé et que vous les aimez comme vous m'avez aimé. *Jean* 17—23.

(51) J'aurais encore beaucoup de choses à vous dire, mais vous ne pourriez pas les porter présentement. *Jean* 16—12.

(52) En ce jour-là vous ne m'interrogerez plus de rien. — En vérité, en vérité je vous le dis, tout ce que vous demanderez à mon Père, en mon nom, il vous le donnera. *Jean* 16—23.

(53) Ne soyez pas grands parleurs dans vos prières, comme les

(43)

païens qui s'imaginent qu'à force de paroles ils obtiendront ce qu'ils demandent.

Ne vous rendez pas semblables à eux, parce que votre Père sait de quoi vous avez besoin avant que vous le lui demandiez. *Math.* 6—7—8.

(54) Demandez et on vous donnera, cherchez et vous trouverez; frappez à la porte et on vous ouvrira;

Car quiconque demande reçoit; et qui cherche trouve; et on ouvrira à celui qui frappe à la porte. *Math.* 7—7—8.

(55) Venez à moi, vous tous qui êtes fatigués et qui êtes chargés, et je vous soulagerai. *Math.* 11—28.

(56) Or la vie éternelle consiste à vous connaître, vous qui êtes le seul Dieu véritable, et Jésus-Christ que vous avez envoyé. *Jean* 17—3.

(57) Bien heureux les pauvres d'esprit parce que le royaume du ciel est à eux.

(58) Bien heureux ceux qui sont doux, parce qu'ils posséderont la terre.

(59) Bien heureux ceux qui pleurent, parce qu'ils seront consolés.

(60) Bien heureux ceux qui sont affamés et altérés de la justice, parce qu'ils seront rassasiés.

(61) Bien heureux ceux qui sont miséricordieux, parce qu'ils seront traités avec miséricorde.

(62) Bien heureux ceux qui ont le cœur pur, parce qu'ils verront Dieu.

(63) Bien heureux sont les pacifiques, parce qu'ils seront appelés enfans de Dieu.

(64) Bien heureux ceux qui souffrent persécution pour la justice, parce que le royaume du ciel est à eux.

(65) Vous serez bien heureux lorsque les hommes vous chargeront d'injures et de reproches, qu'ils vous persécuteront, et qu'à cause de moi ils diront faussement toute sorte de mal de vous. *Math.* 5—3 à 11.

(66) Celui donc qui violera l'un de ces moindres commandemens et qui apprendra aux hommes à les violer, sera le dernier dans le royaume du ciel. Mais celui qui les fera et enseignera sera grand dans le royaume du ciel. *Math.* 5—19.

(67) Accordez-vous plutôt avec votre adversaire, pendant que vous êtes en chemin avec lui, de peur qu'il ne vous livre au juge et le juge au ministre de la justice, et que vous ne soyez mis en prison. *Math.* 5—25.

(68) Et moi je vous dis : Aimez vos ennemis, bénissez ceux qui

vous maudissent, faites du bien à ceux qui vous haïssent, et priez pour ceux qui vous persécutent et vous calomnient. *Math.* 5—44.

(69) Afin que vous soyez enfans de votre Père qui est dans le ciel, qui fait lever son soleil sur les bons et sur les méchans, et fait pleuvoir sur les justes et sur les injustes. *Math.* 5—45.

(70) Agissez donc vous-mêmes envers les hommes comme vous voudriez qu'ils agissent envers vous. — Car c'est là toute la loi et les prophètes. *Math.* 7—12.

(71) Jésus répondit: « Vous aimerez le Seigneur votre Dieu de tout votre cœur, de toute votre ame et de tout votre esprit. *Deutéronome* 6—5.

C'est là le premier et le grand commandement, et voici le second qui est semblable à celui-là :

(72) Vous aimerez votre prochain comme vous-même. *Lévit.* 18—19.

Toute la loi et les prophètes sont renfermés dans ces deux commandemens. *Math.* 22—37 à 40.

(73) Malheur à vous docteurs de la loi et Pharisiens hypocrites qui payez la dîme de la menthe, de l'aneth et du cumin, pendant que vous négligez ce qu'il y a de plus important dans la loi, savoir: la justice, la miséricorde, la foi. — C'était là les choses qu'il fallait pratiquer, sans néanmoins omettre les autres. *Mathieu* 13—23.

(74) Malheur à vous docteurs de la loi et pharisiens hypocrites qui êtes semblables à des sépulcres blanchis qui, au dehors, paraissent beaux aux yeux des hommes, mais qui, au dedans, sont pleins d'ossemens de morts et de toute sorte de pourriture.

(75) Ainsi au dehors vous paraissez justes aux yeux des hommes, mais au dedans vous êtes pleins d'hypocrisie et d'iniquités. *Math.* 23—27—28.

(76) Ne pensez pas que je sois venu détruire la loi ou les prophètes. Je ne suis pas venu les détruire, mais les accomplir.

(77) Car je vous dis en vérité que le ciel et la terre passeront plutôt que tout ce qui est dans la loi ne soit accompli parfaitement, jusqu'à un seul iota et à un seul point. *Math.* 5—17—18.

(78) Toute vallée sera remplie, et toute montagne et toute colline sera abaissée. — Les chemins tortus deviendront droits et les raboteux unis.

Et tout homme verra le Sauveur envoyé de Dieu. *Luc* 3—5—6. *Isaïe* 40—4.

(79) Il jugera les nations et il convaincra d'erreur plusieurs peuples, et ils forgeront de leurs épées des socs de charrue, et de

leurs lances des faux. Un peuple ne tirera plus l'épée contre un peuple, et ils ne s'exerceront plus à combattre l'un contre l'autre. *Isaïe* 2— 4.

Ils s'entr'aideront tous les uns les autres, chacun dira à son frère prenez courage. *Isaïe* 41—6.

Ils bâtiront des maisons et ils les habiteront, ils planteront des vignes et ils en mangeront le fruit.

Il ne leur arrivera point de bâtir des maisons et qu'un autre les habite, ni de planter des vignes et qu'un autre en mange le fruit. *Isaïe* 65—21—22.

(80) Je crois fermement voir un jour les biens du Seigneur dans la terre des vivans. *Ps.* 26—13.

(81) Je vais faire des miracles tout nouveaux ; ils vont paraître et vous les verrez. Je ferai un chemin dans le désert, je ferai couler des fleuves dans une terre inaccessible. *Isaïe* 43—19.

(82) Et il a dit à l'homme : La parfaite sagesse est de craindre le Seigneur, et la vraie intelligence est de se retirer du mal. *Job* 18—28.

(83) Prétendez-vous sonder ce qui est caché en Dieu , et connaître parfaitement le Tout-Puissant ?

(84) Il est plus élevé que le ciel ; comment y atteindrez-vous ? Il est plus profond que l'enfer, comment pénétrerez-vous jusqu'à lui ? *Job* 11—7—8.

(85) Parlez à la terre et elle vous répondra, et les poissons de la mer vous instruiront. *Job* 12—8.

(86) Tout ce qu'on fait pour la liberté ou contre elle la sert également. (*Victor Hugo*.)

Aux époques critiques la liberté est le progrès.

(87) Chassez les moqueurs et les disputes s'en iront avec eux. Alors les plaintes et les outrages cesseront. *Prov.* 22—10.

J'ai vu le rire et j'ai dit à la joie : Pourquoi t'es-tu trompée ? *Ecclésiaste* 2—2.

(88) C'est pourquoi les hommes meurent comme les bêtes et leur sort est égal. Comme l'homme meurt, les bêtes meurent aussi ; — les uns et les autres respirent de même ; et l'homme n'a rien de plus que la bête. *Ecclésiaste* 3—19.

Qui connaît si l'ame des enfans des hommes monte en haut, et si l'ame des bêtes descend en bas ? *Ecclésiaste* 3—21.

Vous sauverez, Seigneur ! et les hommes et les bêtes, selon l'abondance de votre infinie miséricorde, ô Dieu. *Ps.* 35—6.

(89) Qui trouvera une femme forte ? Elle est plus précieuse que ce qui s'apporte de l'extrémité du monde. *Prov.* 31—10.

Elle a ceint ses reins de force, et elle a affermi son bras. *Prov.* 31—17.

Elle a ouvert sa main à l'indigent ; elle a étendu ses bras vers le pauvre. *Prov.* 31—20.

Elle a ouvert sa bouche à la sagesse, et la loi de la clémence est sur sa langue. *Prov.* 31—26.

Donnez-lui du fruit de ses mains, et que ses propres œuvres la louent dans l'assemblée des juges. *Prov.* 31—31.

Qui est celle-ci qui s'élève du désert, toute remplie de délices et appuyée sur son bien-aimé? *Cant. des Cant.* 8—5.

Dites à vos frères : vous êtes mon peuple, et à votre sœur ; vous avez reçu miséricorde. *Osée* 2—1.

Et vous, tour du troupeau, fille de Sion, environnée de nuages, le Seigneur viendra jusqu'à vous : vous posséderez la puissance souveraine, l'empire de la fille de Jérusalem. *Michée* 4—8.

Réponse péremptoire à toutes les critiques qui pourront être faites s'il advient que ces pensées soient un jour mises en lumière.

1° La majeure partie de ceux entre les mains desquels tombera ce livre, le jettera avec dédain, mépris ou colère, en voyant au commencement ce seul mot : *Un Saint-Simonien !*

Car Dieu veut qu'aujourd'hui encore on attribue aux Saint-Simoniens précisément le contraire de ce qu'ils ont dit.

Ainsi, beaucoup s'imaginent que les Saint-Simoniens veulent détruire la propriété, abolir l'hérédité et établir la communauté des biens et des femmes !!

A ceux-là je dirai, ou plutôt je prierai ceux qui les connaîtront de vouloir bien leur dire :

« Consultez les Saint-Simoniens si vous en connaissez quel-
» qu'un, ou bien ayez la bonté de lire leurs ouvrages et vous
» verrez :

» Que les Saint-Simoniens ne veulent rien détruire ; car ils
» savent que : *rien ne meurt, tout se transforme,*

» Mais qu'ils prédisent seulement que ce que Dieu a fait de
» toute éternité, il le fera éternellement ; c'est à dire :

» Que de même que l'exploitation de l'homme par l'homme est
» toujours allée diminuant, de même elle ira encore diminuant
» pendant l'éternité.

» Et l'exploitation de l'homme par l'homme, c'est la violation
» de la propriété.

» D'où il résulte que les Saint-Simoniens, bien loin de vouloir
» détruire la propriété,

» Annoncent au contraire que le progrès consiste en ce que la
» propriété sera de plus en plus respectée.

» Votre erreur vient de ce que vous ne vous êtes jamais rendu
» compte de ce que c'est que la propriété.

» Quant à l'hérédité, les Saint-Simoniens ne veulent pas l'abo-
» lir par la même raison que dessus.

» Mais ils savent et ils disent : que de même que les priviléges
» de la naissance, ou si vous voulez, de l'hérédité, sont tou-
» jours allés diminuant ou s'étendant, ce qui est la même
» chose ;

» De même ils continueront à diminuer en s'étendant pendant
» l'éternité ; c'est à dire que :

» Comme Dieu a voulu qu'un jour l'aîné n'héritât pas seul à
» l'exclusion de ses frères et de ses sœurs,

» Tout de même il arrivera qu'un jour la société n'aura plus de
» cadets et surtout de cadettes déshéritées.

» Mais que tous et chacun hériteront de tous en général, et de
» leurs parens en particulier.

» Vous vous convaincrez en même temps que les Saint-Simo-
» niens ont indiqué les moyens de parvenir à la réalisation *néces-*
» *saire* de cet avenir, sans passer par les secousses et les boule-
» versemens qui, jusqu'ici, ont accompagné toutes les améliora-
» tions.

» Pour ce qui regarde la communauté des biens, ce qui revient,
» je crois, à la loi agraire,

» Vous apprendrez que parmi les hommes qui désirent l'amé-
» lioration du sort des travailleurs, les Saint-Simoniens sont les
» seuls dont les principes ne conduisent pas à la loi agraire, les
» seuls qui puissent sans inconséquence combattre cette consé-
» quence nécessaire de la souveraineté du peuple et d'une égalité
» chimérique, qui n'existe que dans la tête de quelques songes
» creux, législateurs arriérés d'un bon siècle.

» Enfin, si ce n'est pas par pure plaisanterie que vous accusez
» les Saint-Simoniens de vouloir instituer la communauté des
» femmes,

» Ayez donc, s'il vous plaît, la complaisance d'ouvrir les yeux
» et de regarder autour de vous,

» Consultez vos amis et connaissances, et demandez à chacun
» d'eux de combien de femmes il a été le mari,

» Tâchez de savoir au juste combien, dans votre ville, il se
» trouve de ces maisons commodes où, moyennant une légère ré-
» tribution, tous et chacun peuvent être, pour une ou plusieurs
» heures, le mari d'une ou plusieurs femmes.

» Sachez au juste si ces *établissemens* sont clandestins ou s'ils
» sont autorisés par des hommes *moraux* qui partagent les profits
» du commerce avec ces *industrielles*, en prélevant sur elles un
» impôt.

» Cela fait, il serait peut-être convenable aussi que vous sussiez
» s'il n'y a pas par-ci par-là, quelque femme ou quelque mari
» n'observant pas très-scrupuleusement les règles de la foi
» conjugale. Mais la vie privée doit être murée comme chacun
» sait. — Ainsi respectons-la.

» Quand vous serez bien édifié sur tous ces points, et que vous
» serez bien convaincu qu'accuser les Saint-Simoniens de vouloir
» établir la communauté des femmes est une accusation équiva-
» lente à celle de vouloir établir l'éclairage de la terre par le
» soleil !

» Alors je vous apprendrai que, de tous les fléaux qui désolent
» et dévorent la société, et en particulier la classe la plus nom-
» breuse, la plus utile et la plus pauvre,

» La communauté des femmes est celui que les Saint-Simoniens
» ont le plus violent désir de faire disparaître le plus complète-
» ment et le plus promptement possible,

» Tandis que les hommes les plus *honorables* de notre époque,
» les législateurs s'obstinent à refuser le seul remède qu'il soit
» possible de lui administrer pour le moment; le divorce civil.

» Que les Saint-Simoniens savent que c'est cette plaie hideuse
» qui contribue de la manière le plus horriblement efficace à
» rendre presqu'impossible toute amélioration de la société, et
» surtout des travailleurs, dont les filles sont les victimes exclu-
» sivement dévouées à ces horribles communions !

» Que c'est elle qui peuple les hospices d'enfans trouvés et de
» vieillards, les hôpitaux, les prisons et les bagnes; — elle qui
» alimente l'échafaud !

» Que l'horreur qu'elle inspire aux Saint-Simoniens est expri-
» mée par eux dans tous leurs discours, tous leurs écrits, — pré-
» dications, chants, journaux;

» Enfin qu'ils sont les premiers qui aient conçu l'espérance,
» qui aient la volonté immuable d'en délivrer l'humanité.

2° Parmi ceux qui me liront, quelques-uns diront qu'en pro-
fessant que l'homme n'est pas libre, j'encourage le crime et lui
prépare une excuse.

A cela je répondrai : rien ne se fait sans la permission de Dieu,
rien, pas même les livres et les journaux.

Dieu ne veut plus que vous *punissiez* l'homme libre ou non,
mais il veut que la société se défende contre les loups, les voleurs
et les assassins.

Vous tuerez les loups tant que vous ne pourrez en tirer aucun parti, mais vous moraliserez les voleurs et même les assassins.

La prison, le cachot et même peut-être le bâton, sont encore un *aimant* nécessaire pour attirer certains hommes vers le bien. L'échafaud et les tortures ne conviennent plus pour cela.

3° Quelques-uns m'accuseront d'avoir matérialisé l'homme; car j'ai dit qu'il végétait vers le bonheur.

D'autres diront, avec autant de raison, que j'ai spiritualisé la pierre, car j'ai dit que la pierre est intelligente.

Aux uns et aux autres je répondrai : je ne sais, pas plus que vous ne le savez, ce que c'est qu'esprit et matière.

Mais je sais qu'il n'y a qu'un principe infini, c. à d., que Dieu est tout ce qui est.

Alors d'aucuns lâcheront le mot terrible de panthéisme. A ceux-là, je rirai au nez, et leur apprendrai que les mots ne m'effraient pas plus qu'ils ne me séduisent.

4° Les hommes de la critique diront : que ce n'était guère la peine d'abandonner le mystère de la liberté de l'homme et la prescience de Dieu, mystère incompréhensible au ciel même,

Pour retomber dans le mystère également incompréhensible d'un Dieu qui est tout ce qui est, et d'un homme qui est quelque chose et n'est rien.

Je leur répondrai que c'est beaucoup d'avoir foi au Dieu infiniment bon, c. à d., au bonheur infini, et de n'avoir plus la crainte de l'enfer.

Et les hommes de la critique sauront un jour que cette foi est bonne.

5° On dira peut-être aussi, que les passages de la Bible et de l'Évangile, par lesquels j'ai voulu appuyer mon texte, n'ont avec lui aucun rapport;

Ou que je rétrograde en prenant, comme les juifs, dans le sens matériel, ce qui n'avait qu'un sens spirituel.

Et moi je dirai : que tout est dans tout, et que si je n'ai pas trouvé des preuves dans tous et chacun des versets de la Bible et de l'Évangile, c'est uniquement parce que mon intelligence n'est pas infinie;

Que dans le livre éternel est prédit ce qui doit advenir pendant l'éternité, et que toutes les prophéties sont vraies dans le sens matériel, comme dans le sens spirituel; puisque esprit et matière sont une seule et même chose : Dieu.

Quant au reproche de rétrograder, reproche fondé à bien d'autres égards,

Je dirai que si je rétrograde, c'est parce que j'avance. Car si ma vue se perfectionne, je verrai plus distinctement les objets placés à une plus grande distance en arrière, aussi bien qu'en avant.

Car, si je progresse en Dieu, c. à d., si mes sympathies s'étendent, elles s'étendront sur les êtres, les idées ou les temps du passé comme de l'avenir,

Sur ceux qui me précèdent comme sur ceux qui me suivent. — Car Dieu est éternel dans le passé comme dans l'avenir, il n'a ni commencement ni fin.

6° Si l'on me reproche d'avoir jeté mes pensées pêle mêle, sans même avoir rapproché les unes des autres, celles qui appartenaient au même ordre,

Je réponds que je leur ai conservé l'ordre selon lequel Dieu me les a envoyées; et Dieu avait sans doute ses raisons pour cela. Car Dieu ne fait rien sans raison.

7° Je ne doute pas qu'il ne se trouve quelques hommes et quelques femmes qui partagent entièrement mon opinion.

Parmi *elles* il y en aura qui diront : cela est d'une véritié triviale, il n'est personne qui n'eût pu en dire autant. — Elles diront vrai.

D'autres diront : ces vérités sont évidentes comme la lumière, comment se fait-il que je ne les aie pas vues le premier ?

J'affirme à ceux-ci qu'ils les ont vues comme moi, et qu'il ne leur a manqué que de les écrire et de les publier.

8° Les hommes et les femmes de l'ancienne loi, et même plusieurs de ceux et de celles qui ne la respectent plus qu'en très-minime partie;

Diront que je suis immoral, parce que je déclare que l'ancienne formule morale disparaîtra pour faire place à une autre.

Je leur répondrai 1° que mes actes..., ou plutôt je ne leur répondrai rien; — et laisserai au lecteur intelligent, le soin de répondre théoriquement pour moi,—l'avertissant, pour faciliter sa tâche, qu'il trouvera la réponse, et celles à toutes les autres critiques qui pourront être en nombre infini,

Soit dans mon ouvrage et ceux des autres Saint-Simoniens, soit dans Lessing, soit dans le Koran, soit dans l'Évangile, soit dans la Bible.

Soit même dans le Zend-Avesta ou dans tout autre recueil théologique plus ancien encore.

Car tout est vrai et Dieu ne parle qu'une fois.

FIN.

L'HOMME NOUVEAU

OU LE

MESSAGER DU BONHEUR.

Prospectus.

TROUVANT le populaire *Dieu-soit-Béni*, le vénérable *Messager Boiteux*, admissibles à la retraite ; voici prêt à se mettre en route un MESSAGER DU BONHEUR, à la toque rouge, au bel habit bleu et au pantalon amaranthe enserrant des jambes autrement tournées que celles du patriarche des courriers.

Outre les quantièmes de mois, les anniversaires de nos victoires, ce MESSAGER racontera les voyages et les œuvres des enfans de St-Simon, dits Compagnons de la femme, et il inscrira leur prose et leurs chants.

Peut-être est-ce aux refrains de mille *Marseillaises Pacifiques* que l'on doit, comme aux beaux jours de notre république, triompher des gothiques idées, et déblayer les vieilles ruines qui obstruent le chemin du bonheur.

Il n'est point exclusif, l'*Homme Nouveau*, c'est l'association de tous, et non l'avénement de tels ou tels qu'il désire ; du reste, un premier pas le fera mieux connaître.

Ne devant commencer son voyage que lorsqu'il aura trois cents abonnés et cinquante fondateurs, nous, ses intimes, avons établi, pour lui, des fondations et des abonnemens.

Accroître les agrémens des abonnés, soit par différens portraits lithographiés, soit par des airs nouveaux, gravés en musique : pourvoir aux menus frais du Compagnonage, tel sera l'emploi des gains qui pourraient se faire.

Comme on le voit, ce n'est point une spéculation de la part de ceux qui se proposent de diriger cette entreprise;

C'est pour aider, seconder le pauvre peuple, en avançant autant que possible son émancipation;

C'est pour affranchir aussi ce sexe faible qui partout, console et soutient l'homme, et qui aussi, gémit sous la mauvaise organisation de notre dégoûtante société dite civilisée.

Activons, Compagnons, que la fin de mai voie le MESSAGER DU BONHEUR en route, qu'elle voie s'avancer l'*Homme Nouveau !*

Pressons-nous, sous le ciel embaumé de l'Orient, nos frères écoutent, si nos cris et nos vœux arrivent, portés par les vents aux oreilles de la Femme qui doit délivrer le monde des tyrans de toute espèce, et fonder le règne de Dieu sur la terre !

Pressons-nous, que bientôt notre voix occidentale, lui chante en immense chœur :

Ange de liberté, nous sommes impatiens de te voir :
viens, il en est temps ;
Ange de liberté montre-toi.

La fondation est de 5 fr., plus si on peut et veut : elle donne droit à un abonnement tant que marchera l'*Homme Nouveau*.

L'abonnement est de 1 fr. pour 6 livraisons, pour Lyon, (75 c. en sus pour les départemens.) Le cahier pris séparément est de 25 c.; il sera composé d'une feuille entière, sur papier blanc, ou 16 pages présent format; il paraîtra une ou deux fois par mois. L'abonné de Lyon devra faire prendre ses numéros, chez celui où il s'abonnera.

On paye d'avance. (*Écrire franco.*)

ON S'ABONNE :

A Lyon, chez M.

       chez M.

       chez M.

MARSEILLAISE PACIFIQUE.

23 mars 1833.

Terre ! la discorde inhumaine
Assez dévora tes enfans :
Tu ne seras plus son domaine,
Entonne des airs triomphans :
La *Femme* vient, nouveau messie,
Convier les cœurs à l'amour ;
Au monde elle va, dès ce jour,
Donner une nouvelle vie.
Plus de sang !!! plus de sang !!! Humains, embrassez-vous :
Bientôt, bientôt, l'âge de Dieu va luire enfin sur tous.

Les guerres que produisent-elles ?
Des champs appauvris, dépeuplés,
Des haines longues et cruelles,
Des tyrans et des toits brûlés.
Mortels, quittez cet air farouche,
Que votre arme soit un baiser ;
Quel être pourrait refuser
Ce gage de paix d'une bouche ?
Plus de sang !!! etc.

La gloire si long-temps sanglante,
Vengeant cinq mille ans de douleurs,
Bientôt d'une palme brillante
Ceindra le front des travailleurs :
Celui qui se plaît à produire
Est l'ange éclatant de l'azur ;
De l'abîme, c'est l'ange impur
Celui qui n'aime que détruire.
Plus de sang !!! etc.

Tendre mère, bonne espérance
Pour les doux fruits de ton hymen :
Au plus faible cri de souffrance
Bientôt chacun tendra la main.
Bénis le ciel ô jeune fille ,
Laisse briller ton œil si doux,
Ton amant sera ton époux ,
Et le genre humain ta famille.

Plus de sang ! ! ! etc.

Dans le désir et dans l'attente
Veille toute l'humanité ;
L'un appelle une main puissante ,
L'autre , la vraie égalité ;
L'un rêve un monde heureux pour l'ame
L'autre , un séjour voluptueux....
Ils s'accompliront tous ces vœux,
Et ce sera par une *Femme*.

Plus de sang ! ! ! etc.

Lorsque vous la verrez paraître
Cette *Femme* libérateur
Oh ! n'allez point la méconnaître ,
Ne rejetez pas le bonheur ;
Profitez d'un terrible exemple....
Un peuple méconnaît un *Christ*....
Vingt siècles , partout, en proscrit,
Il vit sans patrie et sans temple....

Plus de sang ! ! ! etc.

Déjà précurseurs de cet âge
Saint-Simon , Enfantin , *Fourrier* ,
Tentent d'arracher au servage ,
Et les femmes et l'ouvrier :
Comme pour annoncer cette ère ,
Plus brillante , paraît Vénus :
Oui, les temps de Dieu sont venus,
L'humanité va voir sa *mère* ,

Plus de sang ! ! ! etc.

LYON. IMPRIM. DE D.-L. AYNÉ, RUE DE L'ARCHEVÊCHÉ, N. 3.

L'HOMME NOUVEAU

OU LE

MESSAGER DU BONHEUR.

1ᵉ LIVRAISON. — 14 JUILLET.

Prix de l'abonnement aux 6 premières Livraisons.

Prises chez les libraires à Lyon . . . . . .   1 fr. — c.
Reçues à domicile, pour *id.* . . . . . .   1 » 3o »
   »   »   » les départemens .   2 » — »
   »   »   » l'étranger . . . . . 3 » — »

La livraison seule est de 5o cent. ; elle paraîtra une ou deux fois par mois et sera composée de 16 pages, présent format.   On paie d'avance (écrire *franco*).

A LYON,

CHEZ Mᵐᵉ DURVAL, LIBRAIRE, RUE DES CÉLESTINS, N. 5.
Et chez les principaux libraires.

1833.

SOMMAIRE.

Introduction.
BARRAULT. Voyage a stamboul.
La Charte de Dieu, *chant par Jules Mercier.*

Nota. L'abondance des récits nous force de renvoyer à une prochaine publication , le calendrier mensuel que nous nous proposons de mettre sur la première feuille de chaque livraison.

Les partisans des idées st-simoniennes sont toujours priés de nous faire parvenir (*franco*) ce qu'ils jugeraient devoir être publié , soit prose , soit poésie.

On peut adresser les lettres et paquets affranchis ou chez M.me Durval , libraire (pour le directeur du *Messager*) , ou chez M. Thonérieux, passage Thiaffait, n. 14, au 2.me, à Lyon.

Tous les ouvrages st-simoniens, ainsi que la musique de Félicien David , se trouvent aussi chez M.me Durval.

Lyon. Impr. de D.-L. Ayné ,
rue de l'Archevêché , n. 3.

INTRODUCTION.

De même que les individus les sociétés se développent par des changemens progressifs : elles croissent en bonheur; tous les hommes éclairés le reconnaissent. Ils ont aussi vérifié que les temps précurseurs de ces métamorphoses, dans l'être collectif comme dans l'être isolé, étaient signalés par des états de malaise, d'inquiétude, de violentes agitations.

Humanité! oh! tout l'annonce, tu es bien près d'accomplir une de tes transformations ; le vague instinct de cette croyance s'agite dans presque tous les cœurs ; mais quelques-uns, seulement, plus généreux et plus intimément certains se sont dévoués afin de hâter et d'aider cet heureux développement.

Amour et gloire à eux.

Dire que parmi ces hommes honorables et forts il en est dont la persévérance et le dévouement brillent avec un éclat remarquable, c'est presque nommer les St-Simoniens actuellement dits *Compagnons de la femme.* Personne, aussi nettement qu'eux, n'a reconnu et dévoilé le progrès que la société est appelée à accomplir : personne n'a plus sagement, plus largement étalé à tous les yeux, des moyens de douce transition pour y arriver.

Leur parole remuante, chaleureuse, religieusement empreinte de conviction, partout a semé profondément, a fait germer, éclore, grandir avec une étonnante promptitude l'ASSOCIATION.

Ici nous ne voulons nous occuper que de leurs actes, renvoyant à leurs livres ceux qui désireraient étudier une doctrine qui a la puissance de transformer les opinions politiques et religieuses les plus vigoureusement enracinées : à l'œuvre on connaît l'artisan.

Examinons donc comment ils se sont mus jusqu'à ce moment.

Nécessaire pour incruster au cœur d'un grand nombre les idées de St-Simon, une *phase*, celle de l'autorité, vient de s'écouler, montrant ses néophites ainsi qu'un liége porté sur les vagues d'un fleuve tantôt élevés et en vue de tous, tantôt comme engloutis et presque dérobés aux regards; mais aussi les montrant à tous, toujours et malgré les plus rudes vicissitudes, le cœur bouillonnant d'espoir et de certitude; mais aussi les montrant chaque jour plus amoureux de Dieu, à chaque heure redoublant d'énergie pour le glorifier.

En moins de trois ans leurs hardies conceptions ont eu

du retentissement chez les nations les plus éloignées. En Europe, en France surtout, leur parole a frappé et les palais et les bouges, a réveillé et les femmes et les enfans et les hommes, est entrée dans l'oreille des fous ainsi que dans celle des sages, a pénétré à l'ame des athées ainsi qu'à celle des hommes religieux, et elle a retenti dans les villes, les campagnes, les lieux les plus isolés.

En moins de trois ans cette religion, car on ne peut décemment lui refuser ce titre, cette religion, dis-je, en moins de trois ans a provoqué d'innombrables et éclatantes conversions, et s'est attirée l'estime des hommes les plus illustres ; ses principes en partie ont mérité le suffrage des masses, et même ont comme gagné l'approbation de tous les gouvernans qui aiment à faire le bien.

Mais ce n'est qu'un prélude aux magnifiques choses qui sont à faire. Leurs harmonieuses théories sont à exécuter ; pour encore être fécondées, d'autres nouvelles idées sont à produire. A cela est principalement apte la *phase* de liberté qui commence.

Dans cette phase, en effet, selon son impulsion et dans sa sphère, chacun peut chercher à pratiquer soit l'association et rétribution suivant les œuvres, soit l'égalité de l'homme et de la femme. Là, chacun peut laisser librement jaillir de son sein les rêves dont se berce son ame, rêves qui, peut-être, inspirés par Dieu, sont des réalités qui doivent donner au monde le bonheur si vainement et si ardemment désiré jusqu'à ce jour. Ainsi surgissent des ca-pacités.

Ce fut à Ménilmontant que , sur le point de se rendre en prison, le PÈRE dit un soir à la famille qui se pressait silencieuse et attristée autour de lui : Je dépose toute autorité ; — j'abandonne toute direction sur vous , je coupe vos lisières , mes enfans , jusqu'à ce qu'une femme vienne dire, au nom de tout son sexe, les lois de la morale que jusqu'ici lui avait iniquement imposées l'homme.

Cette femme existe: elle paraîtra avant la fin de ma captivité, elle sera votre MÈRE, comme je suis, comme je serai votre père ;

Alors le monde aura le bonheur.

Puis les ayant embrassé tous les uns après les autres , il se retira.

Et , religieusement, croyant à la venue de ce messie femme, depuis ces paroles du PÈRE , de tous cotés , et ne suivant que leur inspiration , se sont mis en route , sans argent, sans ressource , se reposant en Dieu seul, ces hommes que leur costume , bien moins que leur étonnante vertu , fait si fortement saillir au milieu de ce siècle d'égoïsme, d'indifférence et d'irréligion

Et ce sont ces aventureux voyages, intéressans même pour ceux qui rejettent les idées st-simoniennes, que nous allons raconter. P. C.

BARRAULT (ÉMILE).

VOYAGE A STAMBOUL.

Cet apôtre, dont la voix éloquente et sonore a si souvent ému les visiteurs de la salle Taitbout, est né à l'île de France. Ce fut au collége de Sorèze où il était professeur d'éloquence que la lecture du *Producteur* lui fit connaître les idées st-simoniennes. Frappé de ces vastes conceptions, il se rendit à Paris pour mieux les étudier; là, il se trouva quelque temps forcé de donner des leçons de belles-lettres; mais la doctrine ayant pris du développement, Barrault, sans hésiter, abandonna le vieux monde pour se livrer entièrement à la propagation de la foi nouvelle, et il s'acquit bientôt, par ses prédications et quelques écrits sur les beaux arts, une réputation méritée.

Le dernier, il se sépara du PÈRE, et partit de Paris, le 15 décembre 1832, après avoir adressé à cette ville, sous le titre d'adieu, une prophétie qui se réalise chaque jour. Lors de son arrivée à Lyon, le 1ᵉʳ janvier 1833, il lut cette prophétie en la Rotonde de Perrache, où près de deux mille personnes lui prêtaient une oreille attentive.

Barrault est d'une taille moyenne et assez mince; néanmoins, à la vue première, il paraît d'une taille élevée et imposante. — Sa figure ombragée par une chevelure légèrement rousse, et qui vient se marier à une barbe nuancée vers la moustache, a parfois, dans la pommette de la joue, une contraction involontaire qui ressemble à un commencement de sourire. Cela donne à sa physionomie une certaine teinte d'ironie qui se laisse apercevoir surtout, lorsqu'après une tirade qui a pénétré les cœurs, il promène ses regards sur l'assemblée.

C'est lui qui a fondé le *Compagnonnage de la femme*, et qui, dans un discours improvisé à l'un de ces banquets de prolétaires (15 sous par tête), dont la famille lyonnaise conserve de si doux souvenirs, fit comprendre que désormais le nom d'un homme seul ne devait plus être l'étendard des St-Simoniens; il prédit alors, avec une assurance inouie, que la mère viendrait cette année.

Plus tard, une nouvelle inspiration qu'il eut, et dans laquelle il se rencontra avec le PÈRE (1), lui fit entreprendre un voyage en Orient. Persuadé que la MÈRE était à Constantinople, et que là surtout devait retentir l'appel du PÈRE, il réunit à lui les hommes qu'il jugea capables de cette entreprise hardie, et partit pour Marseille où il s'embarqua. A Marseille, sa présence excita un véritable enthousiasme (2). Crainte qu'on ne nous taxe de voir les choses trop en amis, citons le *Sémaphore* :

Extrait du Sémaphore de Marseille.

BANQUET ST-SIMONIEN.

MARSEILLE, *le 22 mars* 1833.

Nous étions tous allés à un banquet; nous sommes sortis d'une fête brillante, nationale! *Un banquet ! ! !* C'était un

---

(1) *Voir* 1833 ou l'Année de la Mère, *Janvier* et *Février*.
(2) *Voir* la Mission du Midi.

mot pour rire ; c'était une transaction légale avec les sergens de ville.

On avait dit, à midi, dans la salle Thubaneau. A l'heure fixée, une foule jeune qui représentait toutes les classes se pressa aux portes de la salle du Concert ; quatre à cinq cents convives rangés sur de longues banquettes attendaient les apôtres qui devaient présider au repas. Tous les yeux étaient fixés sur l'estrade qui conduit à la porte d'entrée : ils arrivèrent ; ils parurent en ordre dans tout l'éclat de leur costume, dans toute la majesté de leurs visages ! Ils étaient vingt avec leurs habits de pourpre, leur tunique blanche, leur barbe stoïque. Un applaudissement salua leur entrée grave et simple. Une longue table s'étendait au milieu de la salle comme un mince ruban ; ce n'était pas la salle du festin, comme on l'avait dit ; c'était la table de la communion. Quelques alimens frugals, du pain et du vin étaient divisés en portions égales. Les apôtres s'étaient placés à l'extrémité de la table ; ils avaient renfermé, dans un cercle, un piano qui devait accompagner les chants religieux.

Le chef des apôtres occupait le centre. Barrault ! Barrault !... Quel homme ! Sa figure blanche, sévère, encadrée dans sa barbe socratique, son regard inspiré, son geste grave, en avaient fait un prophète !

Il promena sur la foule un regard austère ; la foule se tut, et il répandit sur elle sa parole ascétique...

Il proclama la mission st-simonienne, et, après quelques inspirations, il dit : la bouche de l'homme ne parle pas seule à l'homme, et les chants commencèrent.

C'était une hymne à la paix, à l'union des peuples ; cette belle mélodie, ces chants sublimes enlevèrent de tous les cœurs les idées railleuses, pour jeter dans les ames les impressions du recueillement et du mystère. Après le premier chœur, Barrault parla; il analysa l'hymne à la paix, et il semblait demander compte au pouvoir de ses persécutions, en répétant le refrain du chant religieux: soyons unis, et nos travaux seront bénis.

Après l'harmonie de la parole vint encore une autre harmonie: c'était l'hymne de la prison. Cette musique agréablement modulée exalta l'enthousiasme; elle plaignait la captivité du père ENFANTIN. Chaque fois que le chœur se taisait, le chef des apôtres reprenait la parole; on eût dit qu'il récitait les strophes du Tasse toutes accompagnées d'un harmonieux intermède. Mais quelles strophes! En jetant les yeux sur la table frugale, il dit, notre mission est de donner à tous une égale part aux festins, à tous, aux grands et aux petits. Des applaudissemens universels accueillirent ces paroles. Barrault, dans quelques mots, se livra, avec un naturel épanchement de l'ame, au plus beau développement.

La plus sévère dialectique éclairait son raisonnement. Nous devons dire que sa logique fléchit un peu lorsqu'il parla de la femme libre. Lorsqu'il dit avec un air inspiré qui fit une sensation profonde: Dieu nous a révélé qu'elle était en Orient. — Nous allons en Orient: L'hymne à la femme fut chantée avec un goût et une admirable précision; on applaudit ce refrain *vive la femme*; c'est l'ange de la liberté. Barrault dit: avancez-vous, nous allons communier à la même table. — La foule s'avança dans le plus grand ordre, chacun prit sa part du festin religieux. Après cette cérémonie le chœur remercia le ciel; cette action de grâce est d'une harmonie céleste.

Un incident survint qui donna un dernier degré d'enthousiasme au chef des apôtres et à l'admiration de la foule.

Comme l'orateur St-Simonien venait de proclamer la tolérance politique en assujettissant ses projets aux voies conciliatrices quelqu'un s'écria : *vive la république*. Barrault saisit cette circonstance avec un tact magique, un adroit à propos ; il s'écria d'un ton inspiré : Ne crions pas *vive la république* ; nous avons tous été républicains ; nous nous sommes tous mêlés à l'émeute, et quel bien en avons-nous fait ? Nos cris, nos émeutes ont-ils mis un morceau de pain de plus sous la dent du prolétaire ? Non ! il faut des actes conciliateurs ; aussi, lorsque nous rencontrons un républicain dans la rue, nous lui tendons la main en la lui secouant fortement; nous lui disons : nous sommes avec toi mais non pas toi ; quand nous rencontrons un juste-milieu, nous la lui serrons avec plus de plaisir encore, car nous n'avons pas peur qu'on nous confonde avec lui.

Ces dernières paroles furent couvertes d'un tonnerre d'applaudissemens. Un autre incident produisit une vive sensation sur la foule.

Barrault dit : ces chants qui vous ont inspiré tant d'enthousiasme, c'est ce jeune homme assis devant le piano, c'est David qui les a composés; on applaudit avec transport, et lorsqu'une voix sortie du peuple cria: c'est un provençal, les applaudissemens furent si énergiques, que le jeune David pleurait; un apôtre s'avança pour sécher ses larmes, cette scène fut on ne peut plus touchante! Après quelques vœux pathétiquement échangés entre les apôtres et les auditeurs la foule s'écoula, là se forma une longue haie dans la rue Thubaneau.

Les apôtres sortirent au milieu de ce cortége ; ils traversèrent pompeusement le Cours, la Canebière; on les suivit jusqu'au port ; là, ils montèrent d'un pas ferme sur le vaisseau qui doit les conduire en Orient. Avant le coucher du soleil, si le temps le permet, ils auront gagné la pleine mer.

Et les voilà partis. Faut-il conclure de la fête d'aujourd'hui que Marseille est toute st-simonienne; nous ne le pensons pas; un seul jour ne suffit pas pour changer des idées profondément gravées. Mais, si les apôtres de St-Simon restaient quelques mois ici, si chaque semaine nous réunissait dans la rue Thubaneau, et si la salle du concert devait recueillir chaque fois tant de belles paroles, tant de sages maximes, tant de transports, d'enthousiasme, il est hors de doute que des fortes croyances seraient ébranlées, et qu'on pourrait dire plutôt qu'on ne pense ce que Larochefoucault - Liancourt disait à Louis XVI : quelle révolte ! dites plutôt : quelle révolution !

Maintenant laissons parler Barrault lui-même.

AU PÈRE, A SAINTE-PÉLAGIE.

De Constantinople le 16 avril 1833.

PÈRE,

Hier, 15 avril, jour de St-Simon, quatre mois après votre emprisonnement, nous avons salué, dès le matin, Constantinople, et à 7 heures jeté l'ancre dans le canal.

A 10 heures, nous étions tous à terre, excepté Jans (malade) et Carolus resté à bord. Nous avons été du port à Ste-Sophie, nom d'un heureux présage pour ceux qui cherchent la MÈRE. Au nom de DIEU et en votre nom, PÈRE, nous avons rendu hommage, à haute voix et la tête découverte, aux filles d'Orient, pauvres ou riches, à pied ou en voiture. Nous l'avons rendu cet hommage, à l'étonnement des *femmes* et des *hommes*, mais sans obstacle. Notre costume qui a vivement frappé, notre tenue militaire, notre maintien grave, en ont imposé.

De la ville nous sommes allés (moins Rigaud et David, que leur indisposition força à retourner à bord), jusqu'au

Pera. Là, nous avons renouvelé notre salut aux femmes, à la vue d'une foule très-considérable qu'avait attirée dans ce faubourg, le lendemain de la Pâque grecque.

De là nous sommes retournés à bord pour y reprendre nos effets et débarquer avec tout notre bagage.

Au moment de partir, un canot du capitan Pacha est venu de sa part, *curieusement* non *inquisitorialement*, savoir qui nous étions. Je répondis au drogmann en peu de mots, assez pour exciter sa curiosité et non pour la satisfaire.

Dès le soir nous étions installés dans notre petit logement à Bessistachi, l'un des faubourgs de la ville. Aujourd'hui nous y sommes restés pour achever notre campement.

Les habitans du faubourg, grecs de religion, dans le désœuvrement de leur fête paschale, ont paru s'inquiéter de notre voisinage. — Nous avons entendu ou cru entendre dans la foule qui nous suivait par momens, murmurer les mots de S. S. — religion, etc.

Demain nous sortirons en grand costume, c'est l'anniversaire de la naissance de St-Simon. Déjà nous avions salué la terre d'Orient le lundi de la Pâque catholique, mouillés de la veille au dessus du Cap blanc, à quelques lieues de Schismé, nous sommes descendus à Alaçata, bourg assez considérable, voisin de la côte. Notre présence y avait produit une vive sensation.

Ce jour, une faute contre la discipline, fut commise par Cognat : je le fis juger, et le lendemain au soir, en présence de tout l'équipage édifié et ému, il fit réparation de sa faute.

Nous ne saurions trop nous louer de la conduite de MM. Clari et Garribald, capitaine et second de la *Clorinde* ; à leur exemple, matelots et mousses nous ont prodigué, sans jamais se démentir, les témoignages les plus vrais de leur respect et de leurs sympathies. Nous avons deux fois dîné sur le pont avec le capitaine et tout l'équipage , buvant TOUS à votre délivrance , PÈRE, et à la venue de la MÈRE.

PÈRE, arrivés d'hier, nous avons peu fait, et je dois me taire.

J'ai voulu seulement vous renouveler le témoignage de la tendresse de tous vos fils, toujours croissante pour vous.

Permettez-moi d'ajouter quelques mots sur la situation du pays.

Ibrahim-Pacha est à Smyrne et s'est emparé de Mételin ; on dit que les négociations continuent. Sept mille Russes sont à quelques lieues de Constantinople. Le *Moniteur-ottoman* est suspendu ; l'un de ses rédacteurs a rencontré Granal, lui a parlé de l'*économie politique*, etc. Il viendra nous voir.

La santé morale de tous vos fils a toujours été en progrès ; de légères atteintes de la grippe qui règne à Constantinople se sont témoignées chez Rigaud et David.

PÈRE , durant le voyage , j'ai beaucoup rêvé sur le développement de notre foi. J'espère que le moment n'est pas éloigné où je pourrai vous communiquer mes pensées, dont la réalisation est nécessairement ajournée jusqu'à la venue de la MÈRE.

Je sens chaque jour grandir mon amour pour vous , je m'efforce de communiquer aux compagnons chaque progrés de mon attachement à votre vie.

PÈRE, à Dieu et à l'épouse nouvelle.

E. BARRAULT.

(La suite dans la prochaine Livraison.)

LA CHARTE DE DIEU.

Air : *Liberté sainte, etc.*

Peuples chantez, femmes brisez vos chaînes !
Vibrez, vibrez, concerts mélodieux !
Adoucissez la misère et les haines,
Dont on abreuve encor les malheureux.
Que l'harmonie embrase enfin votre ame,
Et tous en chœur, nous chanterons dans peu :
La liberté pour le peuple et la femme ;
Bonheur pour tous, c'est *la Charte de Dieu !*

Vois-tu là-bas cette gerbe de flamme,
Qui vient mûrir la vigne et le houblon !
Quoi ! du soleil pour l'homme et pour la femme ;
La liberté pour l'homme seul, oh ! non,
Ne le crois pas, c'est un mensonge infâme,
Au despotisme, il te faut dire adieu.
La liberté pour le peuple et la femme ;
Bonheur pour tous, c'est *la Charte de Dieu !*

Tu n'es pas libre, ô tyran de famille !
Puisqu'on a droit d'outrager ton honneur ;
Ne vois-tu pas ou ta sœur ou ta fille,
Pour un peu d'or vendue au séducteur ?
Ne vois-tu pas, dans ce commerce infâme,
Ton esclavage écrit en traits de feu ?
La liberté pour le peuple et la femme ;
Bonheur pour tous, *c'est la Charte de Dieu !*

La liberté te porte l'épouvante,
Et plein d'effroi, tu nous parles d'abus ;
Si tu la crois, chanceuse et dégradante
Peuple, pour toi, ne la réclames plus !
Mais être libre, est un droit que réclame
Ton cœur nourri d'un grand et noble feu.
La liberté pour le peuple et la femme ;
Bonheur pour tous, c'est *la Charte de Dieu !*

Peuple, au travail ! Allons, brise ton glaive,
Et chante encor, chante la liberté !
La liberté nous grandit, nous élève,
Et donne à tous amour et dignité.
En vain souvent la haine nous diffame,
La haine aussi disparaîtra dans peu.
La liberté pour le peuple et la femme ;
Bonheur pour tous, c'est *la Charte de Dieu !*

Qui, près du peuple, aura plus de puissance,
Pour établir la paix et l'équité ?
Qui saura mieux découvrir la souffrance
Du travailleur fier de sa pauvreté ?
Qui saura mieux guérir les maux de l'ame ?
La FEMME. Eh bien ! Chantons donc avec feu :
La liberté pour le peuple et la femme ;
Bonheur pour tous, *c'est la Charte de Dieu !*

Jules MERCIER, *apôtre.*

Collonges , juin 1833.

L'HOMME NOUVEAU

OU LE

MESSAGER DU BONHEUR.

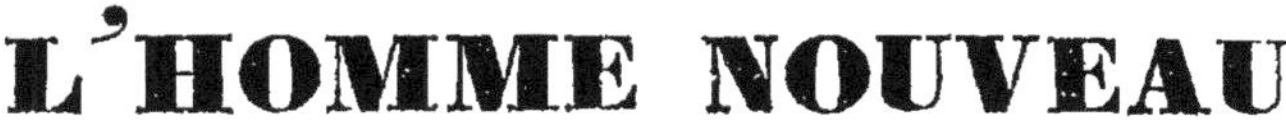

L'âge d'or que les anciens avaient mis dans le passé est devant nous. — St-Simon.

2me, 3me ET 4me LIVRAISONS. — AOUT.

Prix de l'abonnement aux 6 premières Livraisons :

Prises chez les libraires à Lyon . . . . . . 1 fr. — c.
Reçues à domicile, pour *id* . . . . . 1 » 30 »
  »   »   » les départemens . . 2 » — »
  »   »   » l'étranger . . . . 3 » — »
La livraison seule . . . . — » 50 »

Il paraîtra chaque mois deux livraisons de 16 pages ou une de 32.

(Écrire *franco* et donner exactement et lisiblement les adresses.)

ON S'ABONNE :

A LYON, CHEZ Mme DURVAL, LIB., RUE DES CÉLESTINS, N. 5, ET CHEZ LES PRINCIPAUX LIBRAIRES.

A MARSEILLE, CHEZ M. DUTERTRE, LIBRAIRE, QUAI DU PORT.

1833.

NOTA. Les personnes qui nous aiment sont priées de nous faire parvenir ce qu'elles jugeraient devoir être publié, soit prose, soit poésie. Adresser les lettres et paquets affranchis ou chez M.me Durval, libraire (pour le Directeur du Messager), ou chez M. Thonérieux, passage Thiaffait, n. 14, au 2.me, à Lyon.

Le lien religieux qui nous unit à la majorité de nos abonnés les rend en quelque sorte solidaires de notre succès ; c'est pour cela que nous leur demandons d'être d'actifs propagateurs de notre publication qui dorénavant s'occupera aussi de questions industrielles ; quand le nombre de nos abonnés s'élèvera à 600, sans augmentation de prix, il paraîtra 16 pages de plus chaque mois.

Tous les ouvrages st–simoniens, ainsi que la musique de Félicien David, se trouvent chez M.me Durval.

Les personnes qui n'enverraient pas le montant de leur abonnement, avant la fin de septembre, ne recevront plus notre publication.

LYON. Impr. de D.-L. AYNÉ.
rue de l'Archevêché, n.3.

ANNONCES.

AUX FEMMES JUIVES et à toutes celles qui liront cette Parole, etc., par *Auguste Colin*, compagnon de la femme; 24 pages in-16, avec couverture, (25 centimes.) Comme on le voit par le titre, et comme l'annonce l'auteur dans l'avant-propos, cette Parole s'adresse principalement aux femmes de ce peuple qui a enfanté tant de peuples à la religion et à l'industrie, de ce peuple qui seul ne s'est jamais confondu dans les nations où il s'est mêlé; car, dit Colin, DIEU a voulu que l'on pût reconnaître l'ÉPOUSE, la MÈRE, sortant de la race d'Abraham, afin que les prophéties fussent accomplies. COLIN, dans cet écrit, démontre la haute logique des Juifs reniant le Christ, comme n'étant pas le véritable Messie : il dit que les enfans d'Israël n'ont pas été dispersés; mais, par DIEU, envoyés partout pour être les apôtres de la paix et de l'industrie. — Banquiers des rois, ils tiennent dans leurs mains la paix ou la guerre. S'adressant aux femmes, il fait voir le bonheur du monde, la gloire de tout leur sexe n'attendant pour éclater que la venue d'UNE d'entre elles. Le cantique des cantiques, si méconnu dans sa véridique beauté par les adorateurs du demi-Messie, de l'homme seul, lui sert, dans d'ingénieuses explications, à montrer combien sont précises les prophéties de SALOMON dans ce chant sublime. Les compagnons de la femme attendant la MÈRE, les juifs attendant un Messie temporel, qui donnera empire, gloire, richesse aux enfans d'Abraham, et n'en formera plus qu'une seule famille innombrable comme les étoiles du ciel. Divine coïncidence ! s'écrie Colin, et il entonne un alleluia de triomphe, par lequel il termine. Nous engageons nos lecteurs à se procurer cet appel et à le répandre le plus possible.

FOI NOUVELLE. LIVRE DES ACTES, publié par les femmes. Ce livre sera publié par livraison d'une feuille ou plus. Un volume d'environ 150 pages in-8, sera achevé en six mois. Prix de l'abonnement 1 fr. par mois. *On s'abonne*, à Paris, chez M.me Cécile Tournel, rue Chanoinesse, n. 2, cloître Notre-Dame, et à Lyon, chez M.me Durval, libraire.

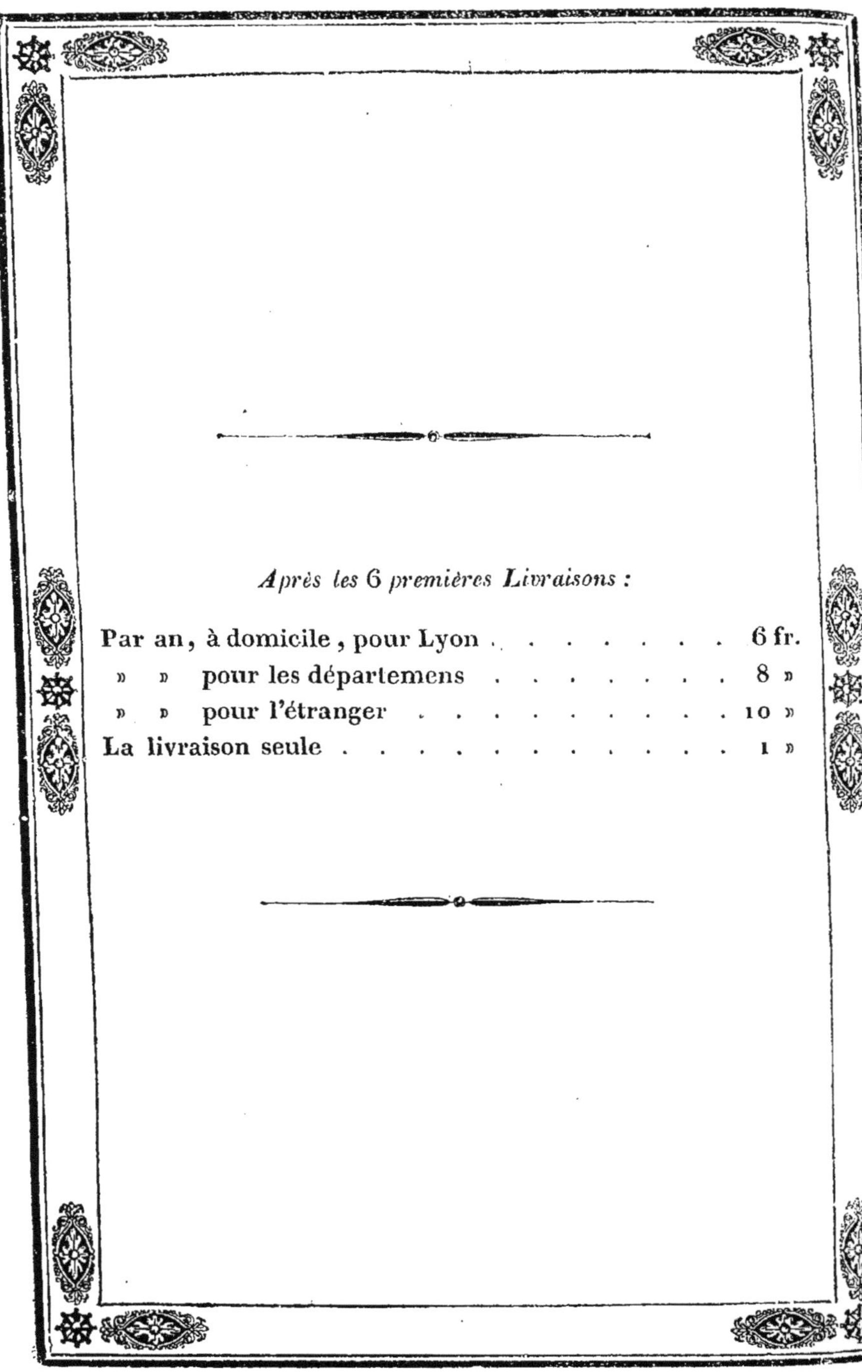

Après les 6 premières Livraisons :

Par an, à domicile, pour Lyon . . . . 6 fr.
 »   »   pour les départemens . . . . 8 »
 »   »   pour l'étranger . . . . 10 »
La livraison seule . . . . 1 »

COGNAT.

SUITE DU VOYAGE A STAMBOUL.

Cognat, auquel Lyon doit en partie de compter plus de 800 personnes attachées à la foi nouvelle, au lieu de 5 ou 6 qui composaient la famille quand il vint s'y joindre, est né à Lyon, dans la bourgeoisie : bien pris dans sa moyenne taille, il est doué d'une physionomie franche et ouverte, qui lui allie promptement les cœurs; il assista à la prise d'Alger en qualité de médecin de marine. Après la révolution de 1830, il revint dans ses foyers. En novembre 1831, il fut mis en prison pour avoir, sur la place des Terreaux, discuté trop chaudement en faveur des ouvriers. Le lendemain, ceux-ci victorieux, le délivrèrent. Peu de temps après, les brochures de Bazar et autres dissidens tombèrent entre ses mains. Chose singulière! Ces écrits, et principalement celui de Bazar, rendirent Cognat non-seulement St-Simonien, mais encore partisan d'Enfantin. Soulager, guérir l'humanité entière plutôt que quelques-uns de ses membres, lui paraissent, dès-lors, un devoir sacré, il ne tarda pas à se vouer exclusivement au st-simonisme.

La fatigue et les privations lui causèrent une maladie dangereuse. Cela le rendit plus cher à la famille qui, elle-seule, le soigna au centre, et vit ses soins couronnés d'un succès inespéré. Cognat était convalescent, lorsqu'une altercation qu'il eut avec Barrault, le jour où ce dernier arriva à Lyon, le fit éloigner de sa ville natale pour aller, avec Augiay, à Grenoble où il fit en quelques mois une heureuse propagation. Quand Barrault, groupant autocratiquement autour de lui des hommes dévoués, annonça qu'il allait en Orient faire un appel à la MÈRE, Cognat voulut être du voyage, et, avec Charpin, partit de Grenoble pour Marseille; on les lythographia tous deux à leur passage à Montpellier où ils se séparèrent; Charpin s'y arrêta, et plus tard suivit la Mission du midi. Cognat, en la compagnie de Granal aîné, continua de se diriger sur Marseille où leur entrée fut triomphale (1). Il s'embarqua, un des 12, sur la *Clorinde*. Voici l'extrait d'une de ses lettres; elle fait suite au *Voyage à Stamboul*:

Smyrne, 9 mai, jour de Barrault année de la Mère.

Notre traversée a été, pour tous, une suite d'épreuves, d'enseignement et de progrès; pour ma part, j'ai eu beaucoup à souffrir de la rude autocratie du père Barrault; mais, grâce à DIEU, moi qui étais tant habitué à commander, j'ai appris à obéir religieusement, moi qui vivais principalement en moi, je vis actuellement dans les autres; je me sens plus fort et mieux prêt que jamais à la vie la plus apostoliquement aventureuse. A bord, il a éclaté, entre le père Barrault, ses compagnons et moi, un différend assez grave, pour exiger ma mise en accusation et mon jugement; d'abord, j'ai voulu contester la compétence des juges et du père Barrault; mais ramené, surtout par les paro-

---

(1) *Voir* 1833, année de la Mère, Mission du Midi.

les de Rigaud et d'Urbain, j'ai tout accepté, et j'ai senti alors tout ce qu'auraient de moralisant les jugemens de l'avenir : mon amour pour le PÈRE s'en est accru, puisque c'est lui qui a si bien su découvrir ce qui était nécessaire au bien de l'humanité : aussi, c'est avec fierté que j'ai subi ma peine (rétractation publique, sur le pont, devant tout l'équipage ; des paroles que j'avais dites au père Barrault) ; c'est ainsi que j'ai été le sujet de la vérification de la parole du PÈRE à Barrault. « L'équipage de ta barque devra être compris, dans sa discipline sévère, par les marins eux-mêmes, et imposer respect presque à des Jannissaires. (1) »

Enfin, le 15 avril, nous mouillâmes à Stamboul ; le vendredi 19, nous fûmes nous ranger en ligne sur le passage du Sultan, qui se rendait à la Mosquée ; il parut frappé de nous voir. Dans la journée, Achmet-Pacha nous fit demander. Le père BARRAULT envoya chez lui Rigaud, Tourneux, Granal aîné, Urbain, Prax, Decharme et Cognat ; il n'y était pas, et nous fûmes désappointés ; mais, à neuf heures du soir, lorsque toutes les pipes étaient éteintes, et que nos dures paillasses et les punaises empêchaient encore un peu le sommeil, Achmet-Pacha, le favori du Sultan, arrive avec un drogman et un nombreux état-major. Après plusieurs questions faites de la manière la plus amicale, il nous invite à venir loger dans son sérail, disant qu'il serait fier de donner l'hospitalité à des hommes comme nous ; il voulait nous emmener de suite ; nous ne voulûmes y aller que le lendemain.

Le lendemain, au lieu d'une hospitalité généreuse, nous trouvâmes un magistrat qui interrogeait avec inquiétude, et avait fait mettre aux fers et celui qui nous logeait et ce-

---

(1) *Voir* 1833 ou l'Année de la Mère . *Février.*

lui qui nous servait de truchement; il nous défendit de rester à *Bakistachi*, et nous renvoya par devant le Séras-quier-Pacha, gouverneur de Constantinople, qui nous renvoya à l'ambassadeur de France, qui, malade, ne put nous recevoir. Enfin, après avoir été promenés toute la journée du samedi, le long des riantes rives du Bosphore, on nous conduisit, le soir, à la chancellerie turque, où l'on nous traita avec tous les égards possibles; mais, au fond, nous étions prisonniers. Pourtant, notre présence et les nombreuses explications données sur notre foi aux gouverneurs, avaient saisi de notre parole le monde auquel on voulait nous arracher, et nous avons, en un jour, fait plus de propagation que nous ne pouvions raisonnablement en espérer en deux mois. Il est impossible que la MÈRE n'ait pas entendu.

L'ambassadeur négociait avec nous et le Reiss-effendi, lorsque le gouvernement turc crut plus expéditif de nous transporter brusquement aux Dardanelles, nous disant que l'on nous conduisait à San-Stéphano, à deux lieues de Constantinople. Aux Dardanelles, le consul français nous remit une lettre de l'ambassadeur, qui était courroucé contre la Porte, et demandait réparation des violences exercées contre nous; mais il ne put empêcher que l'on ne nous conduisît à Ténédos, à Molisa, à Metelin, à Phocée et à Smyrne, dans de mauvais bateaux, n'ayant pour toute nourriture que du biscuit pourri et de l'eau corrompue. Gloire à DIEU! Partout, il s'est trouvé des hommes qui recevaient notre foi avec étonnement, et bientôt la propageaient eux-mêmes avec enthousiasme. Nous avons abondamment distribué le portrait du PÈRE.

A Smyrne, nos ressources étant diminuées, et cette ville, à 3 jours de Constantinople, pouvant fournir à nos besoins, le père BARRAULT, qui pousse jusqu'à Alexandrie, en attendant la MÈRE, m'a chargé, ainsi que Prax, David, Granal et Alric, de tenir la place et d'augmenter les relations que nous y avons déjà nouées, et qui promettent beaucoup. Rigaud va aller dans l'Inde, et peut-être jusqu'à la Chine et l'Hymalaya. Carolus retourne en France; et Jans a coupé sa barbe, pour exercer son état de tailleur, à Smyrne; la mer l'a tellement fait souffrir qu'il a besoin de repos, et ne peut se livrer à l'apostolat.

Il y a ici un retentissement prodigieux : une prophétie grecque annonce la venue d'une FEMME à Byzance, et Lady *Stanhope*, chef d'une grande tribu arabe, attend et proclame l'apparition prochaine d'une FEMME MESSIE, qui doit sauver son sexe. Tout cela, coincidant avec l'appel à la Mère que nous avons fait retentir jusques sous les murs du Sérail, a produit et produit encore un retentissement magique, un retentissement dont 5oo canons tonnant à la fois, ne peuvent donner qu'une faible idée (1).

Adieu, bonjour à tous et à toutes.

COGNAT, Compagnon de la femme.

---

(1) Une Gazette, tout en répandant beaucoup de calomnies sur uos frères, a rapporté que, durant plusieurs jours, leur présence avait excité et absorbé l'attention de Constantinople, au point que personne n'y songeait à autre chose, pas même à *Ibrahim-Pacha* dont l'armée victorieuse n'était qu'à 3 lieues de cette capitale de l'empire ottoman.

A LA MÈRE.

Et cette femme était belle.
Rois, liv. II, ch. XI.

Salut, MÈRE du monde,
Qui nous apportes les beaux jours !
Salut à l'ÉPOUSE féconde ;
La paix, la joie et les amours
Seront sa dot nouvelle !
Un murmure d'amour s'élève sous ses pas ;
Et l'on n'entend qu'un cri : c'est elle !
Oh ! qu'elle est belle !
Nous ne la connaissions pas !

La voyez-vous, séduisante et légère ?
Elle a la majesté des palmiers du Liban,
La douce grâce d'un enfant,
Et la tendresse d'une mère.
Un murmure d'amour s'élève sous ses pas ;
Et l'on n'entend qu'un cri : c'est elle !
Oh ! qu'elle est belle !
Nous ne la connaissions pas !

ELLE parle ; sa voix puissante
Nous fait aimer la vérité ;
ELLE est reine de la beauté,
ELLE est l'étoile de l'amante.
Un chant de volupté s'élève sous ses pas ;
Et l'on n'entend qu'un cri : c'est elle !
Oh ! qu'elle est belle !
Nous ne la connaissions pas !

Plus belle que Vénus, plus pure que Marie,
ELLE nous convie au bonheur ;
C'est une fleur épanouie.
Sous un soleil brûlant d'amour et de pudeur.
Un cri de liberté s'élève sous ses pas ;
Et les rois répondent : c'est elle !
Oh ! qu'elle est belle !
Nous ne la connaissions pas !

Par un jeune Smyrniote.

CAYOL.

VOYAGE AU CAIRE.

Cayol, né à Marseille, est d'une taille élevée et vigoureusement prise. Son aspect est imposant, ses traits un peu saccadés annoncent un homme que ne peuvent émouvoir ni les tempêtes populaires ni les tempêtes maritimes. Avant d'être Saint-Simonien il était émeutier républicain, et en le voyant, on juge facilement qu'il était dans une émeute comme dans son élément. Il y a quelques mois, il passait à Avignon, en costume, et déjà certains hommes, contre lui et Urbain, son compagnon, joignaient l'agression aux injures et aux menaces; Cayol se retourne vers eux, promène fièrement des regards religieux et calmes, et dissipe ainsi ses farouches agresseurs.

Lorsqu'il connut le St-Simonisme il était du conseil administratif de l'Athénée de Marseille, et cet établissement doit beaucoup à son zèle et à ses soins. Il se rendit à Paris avec Urbain, et, au bout de quelque temps, ils furent admis tous deux à Ménilmontant. Il fut choisi pour aller faire entendre la parole nouvelle jusqu'aux pieds des vieilles Pyramides, et pour y réveiller, par une puissance toute religieuse et toute pacifique, cette poussière de quarante siècles, que *Napoléon*, par la force des armes, n'avait fait qu'y remuer faiblement.

Voici comment le PÈRE annonce à Barrault que Cayol est chargé de la mission d'Egypte :

« Michel écrit à Cayol de poser un pied à Ajaccio et de
» sauter au Caire, saluant *Napoléon* à son berceau de nais-
» sance et de puissance. »

Voici un extrait de son journal de voyage :

Mission d'Orient.

Jour de la Mère, 10 mai 1833.

Après mon retour de la Corse, ou le 10 mars 1833, jour de la MÈRE, j'avais salué le berceau de naissance de *Napoléon*: Je convins avec le capitaine d'un navire partant pour Alexandrie, de 150 fr. par personne, nourriture comprise, mais non les couvertures, etc., qui, faute d'argent, nous forcèrent de nous arranger des dures planches du vaisseau et de la fraîcheur des nuits. Enfin, après avoir donné 350 f. à compte, le 9 avril, à 6 heures du matin, je me rends à bord du brick autrichien *il Polano*, capitaine Camalichy.

Flichy, Germain et *Pannetier* se sont embarqués avec moi et composent ma petite troupe.

Mais le *Polano* est hors du port ; Toulon, l'Asinara (Sardaigne) ont passé devant nos yeux : un calme plat nous rapproche de deux navires, chargés d'artillerie et de chevaux en destination pour Bonne ; au point que leurs capitaines et le nôtre se parlent, et les artilleurs reconnaissant nos costumes, nous demandent des nouvelles du capitaine Hoart. La Corse paraît, se perd peu à peu de vue, et, nous silencieux, nous pensons à celui que Dieu envoya à la France, pour la charger d'assez de gloire guerrière (tout en en montrant la fragilité dans sa personne), pour qu'elle en fût rassasiée, et que, devenue le phare des nations, elle fît briller, sur le monde, une gloire nouvelle et plus sainte, la gloire pacifique et riante du travail.

Strombolo, dont les flancs étagés portent de si fertiles jardins, se dresse devant nous en colossale pyramide, et les colonnes de feu et de fumée qui jaillissent de son crane nu, et lui tressent sans relâche une couronne de pourpre et d'or, nous signalent son volcan. Les montagnes de la Calabre s'aperçoivent; du doigt, nous pouvons dire: là périt le brave MURAT. Roi, par œuvre du glaive, il tomba sous le plomb assassin d'un roi par hasard de la naissance; invulnérable dans mille combats, il vint, après 18 siècles, vérifier, par une mort déplorable, cette parole du CHRIST; *Celui qui se servira de l'épée, périra par l'épée.* Le phare de Messine, l'Etna, ses neiges, son volcan, les villes, les villages de la côte que nous rasons passent comme dans un diorama. Nous quittons Melazzo, et nous jetons l'ancre près de la tour: deux coups de canon et le drapeau des Deux-Siciles flottant sur la tour, annoncent le Roi de Naples; nous le voyons, escorté d'une nombreuse suite à cheval; le roi arrive près du *Polano :* nos costumes, nos berrets semblent fixer son attention. Nous remettons à la voile; des illuminations, des cloches vibrant sur notre droite, nous indiquent *Messine.* L'île de Gozzo, celle de Candie deviennent visibles sur notre gauche; au loin s'aperçoivent les montagnes de la Crète. Par un soleil ravissant d'éclat, et entouré de nuages dorés de ses rayons, nous distinguons le poétique mont Ida, à la longue, blanche et haute crinière. Enfin, le 26, à midi, jour de MICHEL, nous découvrons, en tressaillant de joie, la terre africaine; deux jours, un vent contraire nous empêche d'avancer; enfin il change. Des salves d'artillerie, qui viennent retentir jusqu'à nos oreilles, nous annoncent qu'Alexandrie commence les trois fêtes du COURBAN CAÏRAM (Pâques turques), et qu'ainsi nos premiers pas sur la terre d'Orient vont être éclairés par une des plus grandes solennités religieuses de son peuple brûlant. Lundi, 29 avril (jour de ST-SIMON), à peine, le jour paraît, et Alexandrie s'offre à nos regards; les minarets sont pavoisés, ainsi que tous les ports. L'escadre, à un signal donné, se pavoise rapidement, et salue ce beau jour par de nombreuses salves d'artillerie, que les batteries de terre, les déserts et la mer répètent et portent au loin. Le soleil étincelle et pique de ses feux, les brouillards que le vent chasse au loin dans le désert, et beau d'une magnificence toute orientale de ses innombrables rayons, il enlace et la ville d'Alexandrie et la flotte toute parée de MÉHÉMET-ALI. Nous jetons l'ancre, dans le vieux port, à 9 1|2 du matin; tout autour de nous sont des vaisseaux et des frégates dont les fifres et les tambours font entendre des rondes et des marches françaises. Revêtus de nos nouveaux costumes, nous descendons à terre; un marin français nous accompagne chez M. Mimault, consul général, qui nous reçoit avec prévenance; nous lui remettons nos passeports, et là se terminent toutes formalités, les autorités égyptiennes s'en référant directement au consul de chaque nation. Sortis du consulat, seuls, sans guide, nous parcourons la ville; curieuse et empressée, la foule cependant n'interrompt ni ne gène notre marche; quelques Européens, dans leurs diverses langues prononcent le nom de St-Simoniens : à eux de l'apprendre aux Turcs et aux Arabes qui les entourent, à nous de mieux nous faire connaître. A 5 heures, nous retournons à bord; la musique de MEHEMET-ALI, dont le palais s'élève sur le le bord de la mer, joue la MARSEILLAISE. Bientôt les forts, les batteries et l'escadre recommencent leurs salves d'artillerie; du haut des minarets, les Muzzins appellent le peuple à la prière. Il est 8 heures, à un signal du vaisseau-amiral, de longues chaînes de fanaux éclairent l'escadre dans tous ses mâts et dans toutes ses vergues ; favorisée par un temps calme, l'illumination se prolonge assez avant dans la nuit, et elle présente un coup d'œil piquant et nouveau pour nous.

Nous passons encore cette nuit à bord du *Polano*. Le 3o, à la pointe du jour, l'escadre se pavoise de nouveau, et les salves d'artillerie nous réveillent ; nous redescendons à terre pour y demeurer, ne possédant que 15 fr. et en devant 25o pour solde de notre passage. Nous laissons à bord notre bagage, pour ne le débarquer qu'après l'acquittement de notre dette. Nous n'avons aucune lettre de recommandation ; mais DIEU est avec nous.

La première personne qui d'elle-même soit venue à nous est M. *Caviglia*, ancien capitaine marin, homme d'une rare et large instruction : depuis 18 ans, il fouille dans les monumens et les antiques écritures, sans cesse à la recherche d'une consolante vérité, toujours appelant de ses vœux, ce que nous venons réaliser. En 183z, il eut connaissance d'une partie des travaux de Ménilmontant, et sans des circonstances fortuites, il serait venu à *Paris* pour voir le PÈRE. Il ne cesse de se mettre en quatre pour nous faire des amis, et, dans ce moment, il s'occupe de chercher une salle et de former un auditoire pour quelques séances, où je parlerai, soit en français, soit en italien.

Après cela, nous devons remonter le *Nil* ; M. *Caviglia* se propose d'être notre guide pour la visite des monumens antiques qui sont aux environs du *Caire* ; il veut saluer, avec nous, les PYRAMIDES, œuvre d'humbles travailleurs qui, survivant depuis plus de 4,ooo ans aux plus glorieux souvenirs des plus grands Pharaons, peut faire prévoir quels seront les actes et la gloire des travailleurs grandis sous le souffle d'amour de la MÈRE, et dirigés par le bras puissant du PÈRE.

Depuis que nous sommes ici, notre salut a été une fois prévenu par celui d'une femme. Quelques hommes qui marchaient à ses côtés, vêtus à l'orientale, mais portant cheveux, sa belle et blanche figure non voilée, m'ont fait présumer qu'elle était juive.

Deux fois, nous nous sommes rendus au Palais de Mehemet-Ali, pour avoir une audience. La première fois, il dormait; la deuxième fois, ses drogmans étaient absens. Le lendemain, 4 mai, nous l'avons vu dans l'arsenal; il était à cheval : nous l'avons salué, et il nous a très-courtoisement rendu notre salut (1). Maintenant, il sait qui nous sommes; je ne me présenterai à lui qu'après avoir fait quelques séances.

En attendant mieux ou plus mal peut-être, notre logegement est une petite chambre pour quatre; notre nourriture journalière, une soupe ou un autre plat ; notre boisson, de l'eau. C'est rude pour nous, enfans de l'occidens, habitués à l'opulence ; mais, en vérité, y songeons-nous quand, sous nos yeux, se traîne un peuple, demi nu, sans abri contre la dévorante ardeur du soleil, continuellement harcelé par l'impitoyable faim et couché pêle-mêle sur la terre ; y songeons-nous quand les gémissemens des pauvres femmes viennent frapper nos oreilles et percer nos ames. Pauvres femmes !... La corde et le bâton vous arrachent des cris

------

(1) Mehemet-Ali est un homme remarquable, comparé même à nos princes d'Europe. Eloignant de lui les intrigans, il aime à tout juger par lui même; chose bien rare dans un souverain. On dit qu'il professe, pour BONAPARTE, la plus haute admiration, et qu'il aime particulièrement les Français. Puisse-t-il apprécier les apôtres de paix et d'industrie que DIEU pousse sur ses bords !

de douleur, et c'est la main barbare de l'homme qui torture ainsi les flancs qui l'ont porté, le sein qui l'a allaité, et personne, pauvres femmes! pour vous protéger contre ces supplices de tous les jours!... Hommes de tous les pays et de tous les rangs, sachez-le, de par Dieu, je vous le dis, *tant que la femme ne sera pas libre de corps et d'esprit, vous ne connaîtrez pas le vrai bonheur.*

Hommes de cœur et de courage, ingénieurs, médecins, artistes, savans, qui voulez partager nos fatigues et nos dangers, hâtez-vous : c'est au consulat de France que vous devez vous rendre; mais encore une fois hâtez-vous. En toute terre, le peuple et la femme souffrent cruellement; car toute terre est en proie aux rudes lois faites par l'homme seul.

Dans une deuxième feuille, Cayol annonce qu'en attendant de remonter le *Nil*, il fait des prédications ou des discours, comme on voudra, quoique ce ne soit pas *son affaire.* Son auditoire, dit-il, est composé de membres du corps diplomatique et de personnes de costumes et de nations très-variés. La nouvelle que BARRAULT est en mer pour aller le rejoindre, lui parvient. Des livres! des livres! il m'en faut, c'est très-essentiel et très-urgent. Enfin, tous et toutes aimez-moi comme le *Flibustier* vous aime.

Au PÈRE, à la MÈRE et à DIEU.

Ainsi se termine cette lettre.

Une troisième ou mieux un second journal fait part des bons offices que leur rend toujours M. *Caviglia*, d'une visite à M. *Mille* qui, connaissant leur pénurie d'argent, remet 3oo piastres (environ 1oo fr.) que Pannetier et Germain s'empressent de porter au capitaine *Camalichi* ; et fait part aussi d'un enseignement succint sur la propriété, l'héritage, le dogme DIEU *est tout ce qui est.* L'égalité de l'homme et de la femme, le prêtre de l'avenir. Dans cette prédication, Cayol dit : Des personnes mal informées, sans doute, répètent de tous côtés que nous sommes riches d'argent ; à tel point qu'il y a trois jours, des offres nous ont été faites pour la location d'une grande maison, ainsi que pour celle d'un magnifique jardin avec habitation. Or, nous allons dire à tous quelle richesse nous possédons ; ici, Cayol raconte qu'après avoir tout sacrifié pour le bonheur du monde, ils ne sont riches que de leur dévouement et de l'avenir qu'ils annoncent à l'humanité ; qu'ils devaient s'embarquer sept, mais que la pénurie d'argent en a forcé trois d'ajourner leur départ ; qu'eux-mêmes sont arrivés en Égypte, n'ayant que 15 fr., et en devant 250. Logés aux Trois Ancres, ils ne mangent que tout juste pour se soutenir, etc., etc. Maintenant, vous savez quelle est notre véritable richesse. Puis, il continue sa prédication ; la séance finit à 6 heures du soir, 18 mai.

Deux heures après, un jeune Italien, son nom est inconnu, se présente à *Cayol*, lui glisse une bourse dans la main, et part sans donner le temps de le remercier. *Cayol* rend grâces à DIEU, et demande au maître d'auberge le montant de leur dépense jusqu'à ce jour : pendant qu'il vérifie, et fait les rabais convenables, le jeune italien soldait l'hôtelier ; car ce dernier remonte bientôt dire qu'il est payé.

Sur le point de partir, le capitaine Camalichi vient demander la fin de son payement. Cayol lui fait un bon de 170 fr. Ils causent ensemble, et M. Camalichi les quitte, en regrettant de ne pouvoir leur abandonner ce qu'ils lui doivent. Après le capitaine, le maître d'équipage et deux matelots viennent leur dire adieu au nom de tous leurs camarades. Mais, tout en abrégeant, laissons dire Cayol.

21 mai, jour de Rodrigues.

J'ajoute pour vous et pour BRUNEAU :

« L'armée des TRAVAILLEURS doit, en s'organisant, prévoir
» le besoin d'une compagnie d'élite et d'avant-garde. »

En un mot, s'il est fait prochainement un appel à l'*industrie*, il faut qu'elle soit prête à répondre. Pensez-y, imprimeurs, graveurs, dessinateurs, tisserands, forgeurs, etc. ; mais tous habiles.

. . . .

Tous tenez la main aux livres, j'en ai le plus grand besoin.

5 juin, jour de Bazar.

Cette troisième feuille de notre journal sera brève.

Le 24 mai, BARRAULT, *Décharme*, *Urbain*, *Rigaud*, *Toché*, et *Tourneux* sont arrivés de Smyrne. Le même jour, *Rigaud* a quitté l'habit, taillé sa barbe et ses cheveux ; *Toché* et *Tourneux* ont également quitté l'habit. *Urbain*, *Décharme* et BARRAULT, communiant avec notre petite troupe, partagent son logement et sa caisse.

Deux séances ont été données par le père BARRAULT, 29 mai et 1ᵉʳ juin. La première a produit un excellent effet.

La main de Constantinople qui a suivi BARRAULT à Smyrne, s'étend jusqu'en Egypte ; car, la permission de pénétrer dans les terres, vient de nous être refusée, et de plus, quelques bruits d'intrigues, tendant à nous faire partir d'Alexandrie, nous sont parvenus.

. . . .

Il est possible que *Décharme*, *Urbain* et *Germain*, s'ils le peuvent et s'ils l'agréent, s'absentent quelque temps pour une expédition proposée par le père BARRAULT. Celui-ci, *Pannetier* et moi, attendant ensemble, nous préparerons une lointaine expédition ; par où passerons-nous ? Nous ne le savons.

. . . .

Ce que je dis aujourd'hui, ne doit nullement distraire la famille de la préparation des travailleurs, etc. Quoi qu'il arrive, je suis en Orient, et je n'en sortirai que par les désirs du PÈRE ou de la MÈRE.

Que cela soit bien entendu !

Au PÈRE, à la MÈRE, à DIEU.

CAYOL.

(*Note des Rédacteurs.*) Nous apprenons que BARRAULT est retourné à Smyrne ; que *Cognat* et *Granal* se rendent en Syrie auprès de lady *Stanhope*, cette femme, chef de tribu arabe, dont il est déjà parlé dans la lettre de *Cognat*.

LE PÈRE

EST HORS DE PRISON. (1)

Condamné pour avoir, le premier, affranchi les femmes, quand celui que nous aimons entra à Ste-Pélagie, il confia son vieux père à Mlle Aglaé St-Hilaire. Que de soins entourèrent le noble vieillard! Mais, hélas! ils ne pouvaient lui tenir lieu de son fils, de son fils captif; toujours sa pensée paternelle en était douloureusement occupée, et il y pensait, oh! oui, il y pensait, lorsqu'à 9 heures du soir, le premier août, parut ce fils adoré. Témoins de cette entrevue, seuls vous pouvez dire le fils et le père enlacés dans les bras l'un de l'autre, se regardant avec amour, s'embrassant de nouveau, puis encore; seuls vous pouvez dire le religieux silence de l'étreinte et les larmes dans tous les yeux. (Nous renvoyons, en conséquence, nos lecteurs, au livre des actes, publié à Paris par les femmes.) (2)

Mais le fils est aussi *Père :* il est PÈRE de l'humanité qui,

---

(1) A l'occasion de l'Anniversaire des trois Jours, Louis-Philippe l'a rendu à la liberté, ainsi que Michel Chevalier.

(2) S'adresser à M.me Cécile Tournel, rue Chanoinesse, n. 2, à Paris.

dans sa souffrance, crie : point de retard !!! Et pensant aux douleurs du monde, l'homme de paix se rend à Ménilmontant.

Là , il se dérobe à l'empressement de tous ; là , il vit dans la RETRAITE.

***

TRAVAILLEURS,

Le PÈRE est rendu au séjour de sa douce enfance, au berceau de l'apostolat : DIEU l'y rappelle par la voix d'un souverain.

Travailleurs, Dieu ne fait rien sans motifs.

La nouvelle constitution du travail doit éclore aussi sur ces hauteurs qui brillent, aux plaines de PARIS, comme un rubis au front d'une reine.

Oui, un secret sentiment le prédit à mon ame.

Il va dans la solitude organiser les travailleurs, celui qui, mieux que tous les monarques, sans or, sans soldats, sans ancêtres, par la seule force de son intelligence et de son amour, a imprimé sa direction à tant d'hommes divers et rebelles à toute dépendance.

Non, la retraite du PÈRE ne sera point stérile.

Le monde en profitera.

Aimez-vous Travailleurs ; préparez-vous, car le jour est proche ; préparez-vous.

VOYAGE

DE ROUSSEAU ET DE MASSOL

EN ALLEMAGNE.

Extrait d'une lettre de ces deux Apôtres au Rédacteur de la Gazette universelle d'Augsbourg. Lettre de Rousseau au Roi de Bavière.

Nous étions partis de France pour aller annoncer notre foi aux personnes d'Allemagne les plus distinguées par leur mérite et par l'estime où les place l'opinion de leurs compatriotes. Cette mission, que nous nous étions donnée à nous-même, nous avons pu l'accomplir jusqu'à Augsbourg, généralement accompagnés dans tout notre voyage d'une bienveillance marquée, et n'étant jamais ni poursuivis ni injuriés par personne ; les autorités de Bade , de Wurtemberg et de Bavière nous avaient laissé passer sans difficulté, sans nous faire la moindre observation.

Mais arrivés à Augsbourg, on nous a fait soudain prisonniers, sans vouloir nous écouter et sans nous donner d'autre explication sur notre arrestation que ces mots : « C'est une résolution ministérielle, dans une demi-heure soyez prêts à suivre la gendarmerie. » Sur quoi on nous a reconduits à la frontière de la Bavière ; puis rentrés dans Ulm : « Vous êtes suspects, nous dit-on, voici vos passeports pour

Strasbourg; » et d'Ulm nous étant rendus à Stuttgard où déjà nous étions restés plusieurs jours à notre passage, on nous a répété : « Vous êtes suspects; dans une heure ayez quitté la ville et rentrez immédiatement en France. »

Après de pareilles injonctions, nous qui tenons à éviter des torts, même à ceux qui se croient nos ennemis, nous avons dû quitter l'Allemagne, et nous nous sommes rendus à Strasbourg.

De Strasbourg, ces deux apôtres sont venus à Lyon, à pied, le bâton de voyage à la main. Arrivés à midi, le lendemain, dès le matin, ROUSSEAU était au travail. (*Massol* a continué sa route.) Toute la semaine, on le voit à l'ouvrage, gai, comme s'il y était habitué dès l'enfance ; le dimanche, il écrit, le poète à la figure rayonnante, à l'œil brillant. La main durcie par la pelle, la pioche, par mille autres outils, le jour du repos trace des nobles pensées pour le peuple, pour la femme, pour le bonheur de tous; mais pour la femme surtout, car sa devise est : TOUT POUR LES FEMMES !

Ecoutons sa lettre au Roi de Bavière, poète aussi :

ROI,

Nous ne sommes pas seulement de ce jour et de cette vie : *Nous sommes éternels.*

Nous ne sommes pas seulement juif ou chrétien, ou mahométan, ou homme sans nom, roi ou prolétaire; nous sommes, chacun de nous, citoyen de la grande cité des mondes, membre de l'universelle religion de Dieu.

Voilà pourquoi, dans ma passagère indignation contre l'aveugle tyrannie ou l'injustice des hommes; je n'ai en réalité de haine et de mépris pour personne.

— Aujourd'hui sur un trône, maître et roi, vous nous

faites, sans raison et sans motif avoués, chasser de votre royaume. Sire, ce n'est pas bien. Je ne vous hais pas pour cette action; mais autant le nom du poète en vous a fait battre mon cœur avec bonheur, autant celui du roi me laisse glacé.

Qu'est-ce cela au sein de l'Europe, en 1833, et à cent lieues de la France!

—En vérité, je suis confondu que l'expérience des temps ait été, pour notre époque, si peu féconde en avertissemens et en sagesse, pour que vous, poète et roi, vous ayez pu agir envers nous comme si vous ignoriez que tous les hommes qui ont voulu le bonheur de leurs semblables, et se sont dévoués à la cause de l'humanité, ont passé par les épreuves de la prison ou de l'exil, souvent par l'échafaud, les bûchers, la croix, toujours par les cris, les calomnies et par les pierres de la partie du peuple ignorante et abrutie; toujours et avant tout, par les menaces et les persécutions de ceux qu'ils viennent sauver.

— Dieu envoie ainsi, tout d'abord, sur leurs pas ceux qui sont le plus dans le besoin de la misère, dans l'ignorance et l'immoralité, afin que, par eux, ils sachent aussitôt l'état véritable du peuple, et qu'ils puissent le servir plus vîte et plus efficacement. C'est au plus fort accès de souffrance et de fièvre que le médecin doit voir le malade: et la sage prévoyance de Dieu est belle en cela comme en toutes choses; mais que vous l'ignoriez, c'est ce qui me surprend.

—— Ne lisez-vous pas également à chaque ligne des grands livres de la vie humaine que la *bonne volonté* dans les hommes est inébranlable, indestructible ; que c'est la muraille d'airain où tous les traits viennent se briser; que c'est la bonne semence qui l'emporte sur toutes les autres graines; qu'il lui importe peu du soleil ou de la pluie, du sang ou de la faveur, du calme ou de la tempête, du pour ou du contre; que tout la sert, tout la fait grandir, chacun à sa manière, chaque saison avec ses alternatives de froid et de chaud, de sécheresse et d'humidité ?

— Et si le passé est muet et stérile pour vous, quand vous pensez à l'avenir, ne vous souvenez-vous pas, vous chrétien, d'après les dogmes de votre foi, qu'un jour vous rencontrerez Dieu face à face, vous roi, mêlé indistinctement au grand troupeau, coude à coude avec le dernier des hommes ; et que cet homme, votre frère, soudain à la parole de Dieu, peut grandir, vous laisser perdu dans la foule, et lui s'élever au plus haut point de gloire et de félicité ?

— Quand vous êtes devant l'autel, ne vous figurez-vous pas parfois être aux pieds du tribunal terrible, au moment solennel, en présence du grand juge ?... Et ne vous dites-vous pas en vous-même :

— Il me dira : « Je t'ai fait roi ; comment as-tu géré l'hé-
» ritage que je t'ai confié ? As-tu chassé loin de toi, sans
» l'écouter et sans vouloir le connaître, l'homme juste et
» bien intentionné ? »

— Il poursuivra « En même temps que tu étais roi,
» beaucoup se sont fait une *idole* de leur *autorité* et de leur
» *or :* ils l'ont adorée à ma place, et souvent même sous
» mon nom : pour enrichir leur idole, ils se sont faits hy-
» pocrites, et ils m'ont volé, comme un rusé fripon dé-
» robe un homme bon dont il croit faire sa dupe. As-tu
» fait comme eux ?... »

— Il poursuivra : « J'avais imprimé au fond des cœurs,
» en signe d'attente et d'espérance de choses nouvelles,
» une grande vertu : la *tolérance.* Je voulais par elle prépa-
» rer les hommes à se respecter les uns les autres, et favo-
» riser l'enfantement de tous les généreux desseins, de tou-
» tes les nobles pensées. As-tu été intolérant ?... »

— Il poursuivra : « Ayant donné le branle à la terre et

» à l'humanité pour de nouvelles destinées, je les ai pous--
» sées de mon bras par une voie bruyante et cahoteuse : et
» j'ai fait chanter, crier, hurler par toutes les bouches ;
» j'ai fait buriner, graver, écrire, en bronze et en marbre ;
» sur la toile dans des millions de livres, en lettres de feu
» et en lettres de sang, afin que les aveugles et les sourds
» même en fussent frappés, un nom grand et saint, un
» nom dominant tous les autres, un nom puissant, source
» d'enthousiasme et de dévouement , un nom sauveur :
» *Liberté..*, c'est le nom de l'ange gardien que j'ai donné
» aux nations. Qu'as-tu fait pour ou contre la liberté ?... »

— Il poursuivra : « J'avais couvert toutes mes vieilles re-
» ligions de tristesse et de deuil, comme on couvre un cada-
» vre d'un linceul : as-tu insulté au convoi ! ou, as-tu été
» prendre ta place dans le cercueil ? ou, as-tu fait succes-
» sivement l'un et l'autre ?... J'ai fait en outre annoncer ,
» par les actes et dans la conduite de mes grands hommes,
» par les chants et les paroles de mes prophètes, que *je*
» *voulais une réconciliation générale dans ma grande famille de*
» *l'humanité, et que je voulais établir sur la terre le règne de la*
» *paix et du travail, et la récompense selon les œuvres.* A leur
» passage, les as-tu traités de *fourbes* et de *fous ?* et si tu les
» as traités de fourbes et de fous, quelles choses meilleures
» que celles qu'ils apportaient avais-tu à donner à la
» place ?... »

— Roi, vous répondrez un jour à toutes ces questions.

— Mais l'avenir n'est pas tout , il faut vivre aujourd'hui ,
demain, toute cette vie présente ; et Dieu veut que dès
maintenant sa justice s'accomplisse.

— Vous voyez aisément le partage qui a été fait des *ro-*
yaumes et des biens la terre ; vous savez à qui appartiennent
les premiers et à quels titres on les possède : Savez-vous de
même à qui ont été départis les biens et les royaumes non

héréditaires qu'on possède sans lois et sans armées pour les protéger, les *royautés du génie.*

— Vous tenez impérieusement à gouverner vos états avec autorité et en roi : Mais savez-vous qu'il est d'autres rois aussi à qui Dieu donne, comme un sceptre, les nobles desseins et les généreuses résolutions, le dévouement et le courage? et savez-vous que ces autres rois veulent également gérer la fortune que Dieu leur a confiée, parce que c'est le *bien de l'humanité* et qu'il doit aller à l'humanité.

— Non, ce n'est pas en vain que Dieu donne à un homme un cœur généreux, ou qu'il lui donne un sceptre, qu'il le fait agir ou penser, qu'il l'envoie conquérir le monde ou qu'il l'efface du livre de vie, et Dieu ne fait rien en vain.

Mais sa volonté est parfois bien mystérieusement impénétrable. Et souvent ses apparentes faveurs ne sont que de terribles châtimens.

— Vous êtes roi aujourd'hui ; savez-vous si vous le serez demain !... L'air est enflammé, la terre tremble sous les pieds, et la France est sur un volcan !... Prenez garde !...
Dieu cette fois ne vous prendra pas à l'improviste.

— Pour avertissement aux faibles comme aux forts, il a envoyé au début du siècle un soldat parvenu sur le trône de l'Europe. Vous avez vu passer ce dernier géant des conquêtes ; vous vous souvenez comment il foulait de son pied dédaigneux les peuples et les rois : comment, de son bras étendu, comme un faucheur étend sa faux, il amassait devant lui un grand tas de canons et d'obus ; comment il le prenait dans ses mains, le pétrissait comme une pâte, et 'en faisait une colonne éternelle. Vous l'avez vu d'un trait de plume effacer des familles royales et distribuer leurs couronnes à ses *frères et sœurs.* Vous savez comment de sa grande épée il annulait des nations, en arrondissait d'autres, marquait de nouvelles limites à celle-ci, les travaillait toutes enfin et aussi aisément qu'un charpentier équarrit et polit un bois avec sa hache. Vous l'avez vu, de la pointe de sa grande épée, écrire un code de lois en courant ; la dresser en l'air, l'agiter, et la faire flamboyer comme le phare de gloire de la terre. Et, cet homme extraordinaire qui n'avait pas assez respecté la liberté s'en fût mourir à Sainte-Hélène.

— Vous savez, depuis le passage du colosse guerrier, combien les trônes en sont restés lésardés et chancelans, et combien facilement au moindre souffle populaire, Dieu les ébranle, les brise, les balaie. Vous vous souvenez des trois journées de juillet et du retentissement qu'elles ont eues en Europe et en Amérique !

Eh bien, plus nous marchons, plus l'ébranlement du monde devient universel ! De plus en plus les douleurs et les tristesses s'accumulent, la mesure des déboires est comble, et les cœurs regorgent d'angoisses. Tout ce qui est noble et généreux, loyal et bon est refoulé, flétri, profané ! honneur et pudeur, mérite et beauté ; misère que tout cela ! et sur tout cela mépris et flétrissures, injures de fous et risées de singes !

Et le monde dans cet état attendant qu'on le sauve, s'ébranle, et chaque journée de son attente ajoute à son ébranlement ; et, comme il ne voit rien venir, il s'ébranle encore, il s'ébranle encore davantage et toujours !...

Et durant ce temps, une semence hideuse, forte, abondante et partout répandue, croît et mûrit incessamment en tout lieu, en toute saison ; et cette semence est de *haine* ; et les greniers où les moissonneurs en portent les récoltes ce sont les *trônes des rois !...*

Ce sont tous les *pouvoirs des hommes !...*

Des hommes, dis-je, et non pas des femmes.

Car, en même temps qu'il n'est pas sur la terre *un seul homme qui fasse battre le cœur d'un peuple et soit véritablement aimé, en même temps il n'est pas une seule femme qui soit véritablement haïe.*

— Roi, il y a là encore un grand avertissement de la sagesse divine, et, à mon avis, le plus grand de tous, et sur lequel je veux m'arrêter. Ce grand fait mérite qu'on y réfléchisse. Je termine en vous rappelant que *nous sommes éternels*, que je n'ai pas de haine dans le cœur et ne me connais pas d'ennemis. Adieu.

TOUT POUR LES FEMMES!

A. ROUSSEAU,
Croyant à l'égalité de l'homme et de la femme.

Chroniques lyonnaises.

Un banquet en l'honneur des apôtres, revenant de Genève et sur le point de partir pour l'Orient, où les appelle BARRAULT, a eu lieu le 14 juillet dernier. On avait choisi pour lieu de festin, une petite commune près de Lyon.

Dans un jardin, sous des treilles, étaient dressées les tables; autour se pressaient plus de deux cent cinquante membres de la famille, hommes, femmes, enfans. Les chanteurs étaient groupés ensemble, tandis que les autres apôtres, mêlés çà et là, bigarraient de leur costume brillant les costumes bourgeois. Le repas commence; on a béni la nourriture. Les visages sont épanouis; mille rires s'élèvent vers le ciel. On trinque ; on boit à la *Mère*, au *Père*. Et derrière les haies du jardin, une foule de personnes étrangères à la famille admirait la fraternité et la décence d'une aussi nombreuse réunion. — Mais le repas est terminé ; le violon de Rocé, de Rogé à la belle tête d'artiste, a préludé dans un pré voisin ; chacun, chacune cherche, choisit son danseur, sa danseuse : jeunes filles, jeunes hommes du hameau, comme vous participez, avec ardeur, à cette fête que jusqu'alors vous n'aviez que contemplée ! On danse, on valse, on chante ; les petits enfans sautent, courent, font des rondes, et crient : Vivent les St-Simoniens. Enfin, à 9 heures, après une journée de bonheur, on rentre en ville, le cœur plein de reconnaissance envers DIEU pour les plaisirs que l'on a goûtés.

L'enterrement du fils de *Guillermé* a eu lieu, le 28 juillet, aux Broteaux.

Dès les 7 heures du matin une partie de la famille était rassemblée (le reste n'avait pu être averti), la foule emplissait la rue, les croisées étaient garnies de spectateurs. A huit heures le convoi se met en marche, la foule s'ouvre, se découvre et suit de ses regard le cortège où (chose inusitée ici, dans les autres cultes), l'on remarque plusieurs femmes.

Quatre compagnons de la femme, dont deux en costume, portaient la châsse : Elle était recouverte d'un drap bleu céleste, une écharpe rouge y tenait fixée une sphère noire autour de laquelle s'arrondissait un zodiaque blanc, portant cette inscription : TRANSFORMATION PROGRESSIVE.

Dans le plus profond silence on a traversé la Guillotière : arrivé au cimetière, le corps descendu dans la fosse, chacun a pris, à son tour, la pelle et a jeté de la terre sur la bière. HOLINGER allait prononcer un discours, quand il a été interrompu par un commissaire qui a fait observer que, la tombe étant sur l'emplacement destiné aux catholiques, une autre religion n'avait pas droit d'y faire des cérémonies. Néanmoins il a été permis de planter la sphère, sur le lieu de la sépulture.

On est revenu en ordre et silencieux

---

*Au Directeur de l'*Homme Nouveau.

MONSIEUR,

Je m'adresse à vous, pensant que vous aurez l'obligeance d'insérer, dans votre prochaine livraison, la mort de *Bouffard* et les nombreux services qu'il a rendus à la doctrine.

Le PÈRE désire que, par moi, *femme de la* MÈRE, les St-Simoniens de Lyon soient instruits de cet événement. Je saisis, avec empressement, l'occasion de montrer au PÈRE que son désir est sacré pour moi.

Ainsi j'espère, Monsieur, que vous serez assez bon pour satisfaire à ma demande.

Veuillez recevoir, par avance, mes remercîmens bien sincères et l'assurance de mon affection.

CLORINDE ROGÉ,
Femme de la MÈRE.

Peu de femmes encore ont osé exprimer hautement leur pensée, et surtout lorsqu'il s'agit de retracer la vie passée d'un homme. Pourquoi? C'est que l'homme, en exerçant sa tutelle sur la femme, la réduit par ce fait au silence; sans cesse, il lui impose ses pensées, et la force à marcher sous les lois que l'homme *seul* a formulées pour *elle*. Et si d'entre toutes les femmes quelques-unes sentent le besoin d'épancher leur cœur, et d'élever leur voix douce vers un monde avec lequel elles veulent communier, l'homme se croit alors le droit de railler, et refoule ainsi de nobles pensées de femmes dont il ne connaît pas encore le charme. *Hommes*, le temps de lutte se passe, et fait place à un règne de paix et d'amour. Laissez, laissez entrer librement la femme dans l'ère nouvelle que DIEU a ouvert pour *toutes* et pour *tous*. — Une femme ici va vous retracer la vie religieuse d'un homme mort après avoir travaillé à l'affranchissement des *femmes* et du *peuple*... Railleurs, découvrez votre tête, et lisez....

Bouffard était né d'une des premières familles nobles du midi de la France; il vivait à Castres, retiré avec sa mère dans une propriété qu'il avait fait embellir, et qui faisait l'admiration générale. Tout entier au soin et à l'amour qu'il portait à sa vieille mère, Bouffard menait alors une vie individuelle, heureuse et paisible; le retentissement de la foi nouvelle vint jusqu'à lui, et le fit réfléchir sur les douleurs des *femmes* et du *peuple*; il sentit DIEU: et dès-lors il entrevit un monde entier d'amour, son cœur bondit de joie, et son esprit s'ouvrit largement à de vastes pensées d'avenir. Un bonheur pour *toutes*, pour *tous* lui fut présenté; avec ardeur et zèle, il l'accepta et voua sa vie tout entière à l'œuvre que DIEU a donné mission d'accomplir aux *hommes* et aux *femmes*.

Bouffard vint près du PÈRE, le vit... l'aima... Dans le

PÈRE, il reconnut DIEU dans sa plus haute manifestation, et, dès cet instant, il sentit le besoin de rompre les liens qui l'attachaient à l'ancien monde. Il brisa, jusqu'aux liens intimes de la famille individuelle, pour être tout entier à l'œuvre de la *grande famille* UNIVERSELLE.

Bouffard se sépara de sa mère, qu'il chérissait tendrement, et ce ne fut pas sans douleur qu'il attrista le cœur d'une femme qui lui avait donné le jour, d'une mère qui avait mis dans son fils toute sa tendresse : mais DIEU lui disait de marcher... il fut en avant.....

Bouffard vint à la rue Monsigny; là, sous l'inspiration du Père Bazard et principalement sous celle du PÈRE, de grandes choses se sont accomplies : *là* il put déployer toute sa vie et sa grande activité. Bouffard est un des hommes qui ont le plus contribué au mouvement financier de la doctrine et donné le plus de développement à l'œuvre du diaconat.

Bouffard a su faire comprendre la valeur religieuse de l'argent à des hommes qui, en le donnant, sentaient que DIEU voulait faire cesser les douleurs des *femmes* et du *peuple* et qu'il fallait que tous travaillassent par tous les moyens possibles à activer l'accomplissement d'une œuvre qui doit faire disparaître l'égoïsme et l'individualité dans lesquels la société tout entière est plongée aujourd'hui.

Bouffard était un des membres du premier degré dans le temps de la hiérarchie, et l'un des hommes qui ont leur place dans le collier que le PÈRE a fait distribuer à ses fils. Il était un des chefs de l'église de Toulouse et de plusieurs autres églises du midi; par lui a été converti un prêtre catholique, Terson, qui est maintenant un des plus fervens apôtres de la foi nouvelle. Tous les noms de ceux qu'il a amené à notre foi ne sont pas présens à mon esprit, mais je puis vous dire qu'ils sont en grand nombre.

La séparation du père Bazard et du PÈRE, fut cause d'un bouleversement général dans la famille, qui occasiona de nombreuses dissidences. Bouffard ne fut pas ébranlé et resta fidèle au PÈRE, il sentit qu'avec lui était la religion, le *lien* de DIEU. Il le suivit, non pas sans des froissemens horribles. Le PÈRE avait demandé à ses fils d'observer religieusement le célibat jusqu'à la venue de la MÈRE ; et Bouffard qui était passionnément amoureux d'une jeune personne aimable et belle, sœur de Michel Chevalier, avec laquelle il allait s'unir très-prochainement, fut contraint de rompre une union dans laquelle il avait mis tout son bonheur. La foi de DIEU pouvait seule adoucir sa douleur. Le PÈRE le soutint; mais sa santé fut altérée. Une femme, Mme Petit, qu'il aimait comme une seconde mère, chercha à adoucir sa peine et le rendit plus calme. Bonne Mme Petit, recevez un souvenir d'affection d'une femme qui vous aime et que vous aimez !

Le PÈRE se retira à Ménilmontant avec 40 de ses fils, et donna à ceux qu'IL laissait à la rue Monsigny, une mission spéciale, IL avait chargé Bouffard des affaires financières de la doctrine. Bouffard était le *lien* entre le monde extérieur et Ménilmontant; il remplit la mission difficile que le PÈRE lui avait confié avec courage et zèle. Mais, à force de lutter, il succomba moralement, mais religieusement encore, il eut besoin de revoir sa vieille mère, et l'amour qu'il avait cru éteint pour Anna Chevalier se ralluma avec plus de violence encore : il l'épousa et dit au PÈRE qu'il l'aimait toujours, mais que sa vie était attachée à celle de cette femme; il se retira, sans pour cela, être *dissident*. Mais, n'étant pas à l'œuvre aussi directement, le PÈRE mit à sa place *Fournel,* dont la bonté, le courage et le dévouement ne se sont pas démentis un seul instant.

Bouffard partit pour le midi, il se rétablit, et avec la

santé lui revint l'activité qui était le mobile de toute sa vie.

Depuis le mouvement de dispersion, *Bouffard* avait dirigé sa grande activité sur une exploitation agricole qu'il avait entreprise avec Mme Petit, et dont le résultat devait, dans son espoir, contribuer à assurer une partie de l'avenir financier des hommes livrés entièrement à *l'œuvre apostolique*.

Bouffard vint, au mois de décembre de l'année dernière, donner au PÈRE de nouvelles preuves de sa foi. Car il était avec nous et vivait de notre vie.

Bouffard est mort à Vauzelle (département de l'Indre,) entouré de sa femme, de M.^mc Petit et de sa belle-sœur : à peine s'il comptait 40 ans. DIEU lui réserve une vie plus belle encore que celle qu'il vient de terminer; car la mort est une douleur momentanée qui enfante un progrès éternel. *Bouffard* est regretté de tous ceux qui l'ont connu ; il était aimé de toute la famille ! *Bouffard* était bon, aimant et religieux. Sa vie maintenant *est en nous tous* ! Gloire à DIEU, au PÈRE et à la MÈRE.

Alexis Petit m'écrit qu'il éprouve le besoin, lui qui, entre tous, l'a connu et aimé particulièrement, de faire savoir ses œuvres et ses espérances à ceux qui partagent notre *foi*.

Et moi, avec empressement, je me suis chargée de ce soin, j'ai répondu au *désir* du PÈRE, au désir de mon cœur. Car j'aimais Bouffard.

A vous, PÈRE ! merci, merci de m'avoir choisie parmi vos filles, pour faire connaître à toute la famille de Lyon, l'un de vos *fils* que vous aimiez tendrement. Cette preuve de confiance en moi redoublera mon zèle et augmentera mon amour pour la sainte cause des *femmes* et du *peuple*.

CLORINDE ROGÉ, *Femme de la* MÈRE.

4

Rogé et *Massol* sont, en ce moment, à Alger. Grâces à ces deux hommes, l'appel à la MÈRE retentira aussi sur ces plages brûlantes, et bientôt toute terre aura vu les apôtres de la foi nouvelle.

LE NAPOLÉON DE L'INDUSTRIE.

Oh! non, ce n'est pas pour enfanter nos pygmées législatifs que, depuis quarante ans, tu déchires ton sein humanité! Assez de douleur, du plaisir! Saint, saint est le travail, père de la production!

Qu'il vienne le Napoléon de l'industrie! celui, celui qui créera le point d'honneur du travail, et entraînera les nations à la guerre contre le globe, comme autrefois Alexandre et César les entraînèrent à la guerre contre l'homme.

Qu'il paraisse! qu'il paraisse celui qui aura puissance de donner des décorations au soldat producteur, de fonder la légion d'honneur de l'industrie, de s'entourer de la vieille garde des travailleurs.

Qu'il vienne le grand conquérant qui marchera à la conquête de la planète; le colosse de force et d'activité, qui l'enlacera d'un réseau de chemin de fer, l'embellira de resplendissantes cités, la ceindra de fertiles campagnes!

Sur le seuil du bonheur, l'humanité t'attend. O! le désiré des nations, car c'est toi que la révolution de juillet entantait au milieu des balles ; car tu es le programme vivant des destinées humaines !

C'est pour toi que combattaient ces cent mille travailleurs sortis de leurs ateliers ! C'est toi qu'appelait la grande voix lyonnaise inscrivant sur son drapeau : « Du pain en travaillant. » Car tu donneras à chacun le pain selon les œuvres.

De ton front radieux qu'elle jaillisse l'étincelle électrique, et que l'humanité se lève ! Comme Lazare elle pourrit ; dis, et elle se lèvera !

Et de l'orient à l'occident, du midi au septentrion, tous ces hommes en eux sentant la vie nouvelle, diront : « Soyons associés. »

Et la race noire d'Afrique, et les peaux rouges des forêts américaines, et les Chinois à la tête anguleuse, tous s'écrieront : « Salut, salut au chef de l'industrie, au père de l'humanité ! »

Et les juifs dispersés sur la face de la terre comprendront que tu es le véritable Messie ; car la Jérusalem nouvelle, c'est la planète entière fécondée, embellie par tous ses enfans.

Et sa ceinture de chemins de fer sera l'anneau nuptial, gage de l'éternelle alliance de Dieu et de l'humanité.

Et, plus joyeuse, elle roulera dans l'espace, et l'hymne d'amour grandira dans les siècles ; car la douleur et la mort disparaîtront de plus en plus devant le plaisir et la vie !

Un Marseillais.

Dans notre première livraison il s'est glissé une erreur qu'il importe de rectifier : à l'introduction, pag. vj, lig. 10. Effacez : « elle paraîtra avant la fin de ma captivité. »

— A cette occasion, nous observerons à nos lecteurs que la seule chose prédite par le PÈRE, est que la commémoration séculaire de la croix de Jésus, cette année serait miraculeusement célébrée. (*Lettre du PÈRE à la reine des Français.* Ménilmontant, 9 novembre 1832.)

Et BARRAULT, cet homme qui, pour sa foi, a quitté sa femme, ses enfans, son père et sa mère, tout enfin, *Barrault*, selon nous, a logiquement conclu que cette miraculeuse commémoration serait la venue de la MÈRE.

D'autres ont prétendu que c'était la dispersion des apôtres par toute la terre.

Quoi qu'il en soit, gloire à Barrault qui a su entraîner en Orient tant d'hommes puissans et qui ainsi a poussé à un immense progrès.

Rarement une prophétie s'accomplit à la lettre.

Jésus n'a-t-il pas dit que l'univers suivrait sa loi. Que le monde périrait, et mille autres choses qui ne se réaliseront que figurément.

9 782014 436396